W0358371

Hamburger Hafen

Sascha Borrée, Matthias Thiele

MERIAN-TopTen

Höhepunkte, die Sie unbedingt sehen sollten

1. **St.-Pauli-Fischmarkt**
Jeden Sonntag schreien hier die Verkäufer um die Wette, trinken Frühaufsteher ihren Morgenkaffee (→ S. 37, 62).

2. **Alter Elbtunnel**
Eine Zeitreise der anderen Art: Als der Elbtunnel 1911 eröffnet wurde, war er eine technische Sensation (→ S. 57).

3. **Dockland**
Das »gläserne Tor zur Stadt«, wie es der Bauherr nennt, ist nicht nur ein architektonisch auffälliges Bürogebäude (→ S. 61).

4. **HafenCity**
Hamburgs neue Mitte entsteht auf ehemaligem Hafengebiet als zentraler Stadtteil am Wasser (→ S. 63).

5. **Övelgönne**
Beim Spaziergang entlang der Elbe zeigt die Stadt ihre dörfliche Seite (→ S. 66).

6. **Speicherstadt**
Der Freihafen entwickelt sich zum Museumsquartier und Firmenstandort (→ S. 68).

7. **Cap San Diego und Rickmer Rickmers**
Die beiden Museumsschiffe sind längst zu Wahrzeichen des Hamburger Hafens geworden (→ S. 75, 80).

8. **Deichtorhallen**
In den ehemaligen Markthallen können Liebhaber zeitgenössischer Kunst und Fotografie viel besichtigen (→ S. 75).

9. **Hafenmuseum im Aufbau**
Hier erklären ehemalige Hafenarbeiter, wie der Hafen mit seinen komplexen Abläufen funktioniert (→ S. 77).

10. **Elbfähren**
Die Fahrt mit den Nahverkehrsfähren auf der Elbe ist nicht nur sehr romantisch – sondern auch noch günstig (→ S. 90).

MERIAN-Tipps ⇢
finden Sie auf Seite 128

Inhalt

MERIAN-TopTen
Höhepunkte rund um den Hamburger Hafen, die Sie unbedingt sehen sollten ⇠ S. 1

MERIAN-Tipps
Tipps und Empfehlungen für Kenner und Individualisten
S. 128 ⇢

Erläuterung der Symbole

Für Familien mit Kindern besonders geeignet

CREDIT *Alle Kreditkarten werden akzeptiert*

Keine Kreditkarten werden akzeptiert

Preise für ein Menü mit Vorspeise und Dessert, ohne Getränke:

●●●● *ab 60 €* ●● *ab 25 €*
●●● *ab 30 €* ● *ab 15 €*

Karten und Pläne

Die Buchstaben-Zahlen-Kombinationen im Text verweisen auf die Planquadrate der Karten, z. B.
→ S. 119, F 18 Kartenatlas
→ S. 89, b 2, Detailkarte innen

Mit Stadtplan

→ S. 17

MERIAN *live!*-QUIZ
presented by OLYMPUS

Willkommen im Hamburger Hafen

Ein imposantes Bild bietet sich, wenn die Queen Mary 2, das exklusivste Kreuzfahrtschiff der Welt, begleitet von Fähren und Barkassen in den Hamburger Hafen einläuft. Zu diesem Ereignis finden sich jedes Mal zahlreiche Schaulustige am Kai ein.

Wo Fernweh nicht nur geweckt, sondern auch wieder gestillt wird: Im Hafen der Hansestadt findet die ganze Welt ein Zuhause. Kein anderer Ort ist so typisch hamburgisch – und dabei so international.

Die Motoren der Waltershof dröhnen, wie ein Trommelwirbel untermalt der ratternde Dieselmotor die Frauenstimme vom Band: »Zurückbleiben! Das Schiff legt an beziehungsweise ab!« Ein Signalhorn quäkt, eine Warnlampe blinkt gelb. Langsam und quietschend senkt sich die Rampe, knallt dann scheppernd auf den Ponton. Menschen drängen über den Steg ins Innere der Fähre; einige haben ihre Fahrräder dabei, ein Kind deutet auf die Kommandobrücke: »Da will ich hoch!« Seine Mutter steuert lieber einen der Tische unter Deck an: »Später vielleicht, wenn es aufgehört hat zu regnen.« Die Fähre legt ab.

Hamburg und seinen Hafen erlebt man am besten vom Wasser aus. Die **Fähren der HADAG** (früher: Hafen-Dampfschiffahrts-Actien-Gesellschaft) bedienen ein Streckennetz von 27,6 Kilometern, sie befördern 6,5 Millionen Menschen im Jahr, Tendenz steigend. Für viele Hamburger sind die Schiffe einfach ganz normale Verkehrsmittel. Morgens scheint hier grelles Neonlicht auf verschlafene Gesichter, Frühaufsteher im Blaumann blättern gelangweilt in der »Hamburger Morgenpost«: Die erste Fähre der Linie 61 bringt um 5.20 Uhr die Arbeiter des Containerterminals Tollerort zu ihren Maschinen. Auf Höhe des Fischmarkts ziehen jetzt drei Schlepper einen Containerriesen die Elbe hinauf – Landungsbrücken, Michel und ein erstklassiger Sonnenaufgang stellen die Kulisse für das Schauspiel. Kein Wunder also, dass die Fähren am Wochenende auch von den Touristen geentert werden. Im Bord-Bistro der Linie 62 bestellen dann Bayern, Hamburger, Hessen, Niedersachsen und Schwaben seemännisch vereint ihr Bier, es gibt auch Kaffee und Kuchen.

Knotenpunkt für den Schiffsverkehr im Hafen sind die **Landungsbrücken**: Von hier aus lassen sich Kranführer und Werftarbeiter zu ihren Arbeitsplätzen bringen, Ausflugsschiffe und Barkassen starten zu ihren Rundfahrten, die gleichnamige U- und S-Bahnstation stellt die Verbindung zu den übrigen Verkehrswegen der Stadt her. Vor allem von der U3 aus bietet sich ein Panorama- und Postkartenblick auf Containerschiffe, Fähren, Kräne, Schwimmdocks und die Schlepper (paradoxerweise verlaufen die Gleise der U-Bahn am Hafen oberirdisch, die S-Bahnstrecke dagegen liegt an dieser Stelle tief unter der Erde).

Wenn die kaum zu zählenden Wasserstraßen (also die Elbe, ihre Flussarme, die Hafenbecken und die Kanäle) Lebensadern der Hamburger Wirtschaft sind – dann ist der Hafen ihr Herz. Sein Handelsvolumen wird in Europa nur noch von den Häfen Rotterdams und Antwerpens übertroffen, das Umschlagsvolumen soll sich in den kommenden zehn Jahren noch einmal verdoppeln. Schon heute werden im Hamburger Hafen knapp neun Millionen Container jährlich umgeschlagen, damit liegt die Hansestadt weltweit auf Platz 9. Unangefochtene Nummer 1 ist sie im Handel mit Rohkaffee, auch der Gewürzhandel blüht. Insgesamt machen jährlich rund 12 000 Seeschiffe in Hamburg fest, im Schnitt also 30 am Tag. Das Hafengebiet umfasst 7400 Hektar – damit ist der Hamburger Hafen fast doppelt so groß wie Manhattan. Insgesamt sind in der Metropolregion rund 150 000 Arbeitsplätze vom Hafen abhängig.

Das Tor zur Welt

Die Rolle als Tor zur Welt verdankt Hamburg seiner strategisch günstigen Lage an der Schnittstelle von Ost- und Westeuropa. Auch die vergleichsweise große Entfernung zur offenen See (rund 100 Kilometer zur Nordsee, 60 Kilometer zur Ostsee) ist nur auf den ersten Blick ein Nachteil: Weil sich Güter mit keinem anderen

Eine schöne Gelegenheit, die verschiedenen Teile des Hamburger Hafens kennenzulernen, bietet eine Barkassenfahrt, wie hier in der historischen Speicherstadt (→ S. 68).

Verkehrsmittel günstiger transportieren lassen als mit einem Hochseeschiff, lohnt sich der Abstecher in die Elbe für die großen Reedereien. Die meisten dicken Pötte aus Übersee haben vor ihrer Ankunft in Hamburg schon Stopp gemacht in Brügge, Le Havre oder Rotterdam, die Hansestadt stellt den östlichsten der Hochseehäfen Europas. Waren, die über die flachere Ostsee nach Osteuropa oder Skandinavien weiter transportiert werden, lädt man hier auf kleinere Schiffe um.

Der Hamburger Hafen ist übrigens nicht nur der wichtigste Hafen Deutschlands, er war auch der einzige Seehafen der Tschechoslowakei: Sie hatte einen kleinen Teil des Hafengebiets, den sogenannten Moldauhafen, seit der Unterzeichnung des Versailler Vertrages gepachtet. Die Pacht läuft noch immer, inzwischen ist sie an Tschechien übergegangen.

Die Weichen für den auch heute noch anhaltenden Boom des Hafens wurden – unwissentlich – schon im 19. Jahrhundert gelegt: Damals verwarf man das Vorhaben, einen Schleusenhafen nach Londoner Vorbild anzulegen. Stattdessen entschied die Stadt, den **offenen Tidehafen** auszubauen. Heute würde wohl kaum noch ein Seeschiff in Hamburg anlegen, wenn es seine Ladung erst nach Schleusungen und den damit verbundenen Wartezeiten löschen könnte.

Nur ein Problem stellt sich seitdem regelmäßig: Die Schiffe werden immer größer, die Elbe muss immer weiter vertieft werden – von acht Metern im Jahr 1900 wurde sie bis heute auf etwa 14,50 Meter ausgebaggert. So können jetzt selbst bei Ebbe noch Schiffe mit einem Tiefgang von 12,50 Metern in den Hafen einlaufen. Ganz große Frachter müssen aber auf die Flut warten, dann ist ein Tiefgang von 15,10 Metern zugelassen.

Schiffe mit Tiefgang

Und eine neue Generation von Containerschiffen ist schon im Bau: Die soeben fertiggestellte Emma Mærsk hat einen Tiefgang von 16 Metern. Deshalb wird derzeit heftig über eine weitere **Elbvertiefung** gestritten, danach könnten sogar die großen Frachter mit einem Tiefgang von 14,50 Metern tidenunabhängig in Hamburg einlaufen. Doch Elbanrainer und Umweltschützer protestieren, und auch aus Niedersachsen kommen Einwände: Die Landesregierung in Hannover möchte lieber den Jade-Weser-Port in Wilhelmshaven zum deutschen Tiefseehafen ausbauen. Solche Pläne könnten den Hamburger Hafen zwar schwächen. Aber in ihrer Geschichte hat die Hansestadt schon ganz andere Entwicklungen überlebt. Pragmatisch haben sich die Hamburger immer wieder Veränderungen gestellt, selbst der Standort des Hafens wurde im Lauf der Jahrhunderte immer wieder verlagert.

Alles fing mit der erzbischöflichen **Hammaburg** an. Im 9. Jahrhundert war sie Stützpunkt für die Missionierung der slawischen Stämme östlich der Elbe. Um sich aus dem Frankenreich mit Messwein, Kleidung und Waffen versorgen zu können, legten die Siedler am kleinen Flüsschen Alster einen Hafen an – wahrscheinlich schon zu Zeiten Karls des Großen. Im 13. Jahrhundert, der Hafen lag mittlerweile an der Mündung der Alster in die Elbe, erwirkte Hamburg beim Kaiser die **Zollfreiheit**, Handel und Wirtschaft konnten jetzt gedeihen.

Noch heute zeugen die Häuser in der Deichstraße am Nikolaifleet von der Blütezeit Hamburgs in vorindustrieller Zeit. Wo man jetzt in alten Fachwerkhäusern sitzt, aus den Küchen gutbürgerlicher Restaurants Ewerscholle, Labskaus und Panfisch serviert bekommt, begann im Mai 1842 allerdings eine Katastrophe: Ein Brand brach aus, der weite Teile des Stadtgebiets zerstörte, 20 000 Menschen verloren ihre Wohnungen. Die mittelalterliche Altstadt ging in Flam-

Schicke Cafés und trendige Restaurants bringen Leben in Hamburgs neuen Stadtteil, die HafenCity. Im Bild der Chilli Club (→ S. 26) am Sandtorkai 54.

men auf, erst nach Tagen konnte das Feuer gelöscht werden. Glück im Unglück: Der Hafen und seine Lager blieben weitgehend verschont.

Nur zwei Jahrzehnte später kam es zu einem erneuten Einschnitt für den Hafen: Weil Hamburg dem Deutschen Reich beigetreten war, forderte Reichskanzler Bismarck den Anschluss der Stadt an das Deutsche Zollgebiet. Gleichzeitig sollte in einer neuen Freihandelszone das jahrhundertealte Privileg der Zollfreiheit bewahrt werden. Also entstand die **Speicherstadt** – südlich der Altstadt auf dem Areal eines alten barocken Wohnviertels. 20 000 Menschen mussten umgesiedelt werden, innerhalb weniger Jahre wurde einer der größten Lagerhauskomplexe der Welt gebaut. Noch heute residiert hier die Hamburger Hafen und Logistik AG (HHLA) im sogenannten alten »Rathaus der Speicherstadt«.

Die Dampfschiffe verdrängten die Segler, gleichzeitig entstanden die ersten modernen Kaianlagen mit Kränen und Hinterlandanbindung. Der weltweite Handel boomte weiter, die Häfen wurden zu Kultstätten des industrialisierten 20. Jahrhunderts, wie sie Richard Demel in einem Gedicht mit dem Titel »Hafenfeier« 1913 beschrieb.

Und dann wurde es doch stiller im Hafen: Zuerst durch die Wirtschaftskrise, dann durch die Zerstörungen im Zweiten Weltkrieg. Weite Teile des Gebiets wurden zerbombt.

Nach dem Krieg der Aufbau: Wirtschaftswunderjahre. Später sorgte der Container für eine weitere industrielle Revolution, statt Sackkarren verwendete man jetzt Gabelstapler, Maschinen ersetzten Menschen. Mittlerweile hat sich das Hafenbild komplett gewandelt: Die Silhouette wird von den **Containerbrücken** beherrscht, der Schwerpunkt des Warenumschlages hat sich elbabwärts, weg von der Innenstadt, verlagert: In Altenwerder ging 2002 der modernste Containerterminal der Welt in Betrieb. Computergesteuert rattern hier fahrerlose Transporter mit 300 PS über die Teerflächen.

Die kleinen Transportkähne, die sogenannten Schuten, sind ebenso aus dem Stadtbild verschwunden wie Hafenarbeiter und Matrosen. Durch die kurzen Liegezeiten der modernen Containerriesen bleibt den Besatzungen keine Zeit mehr für einen Landgang. Und der Stückgutfrachter Cap San Diego, noch vor gar nicht allzu langer Zeit der Stolz seiner Reederei, dient heute als Museumsschiff.

Die HafenCity

Man mag diesen Zeiten nachtrauern. Man mag fluchen darüber, dass der Hafen jetzt südlich der Elbe liegt – und so durch den Fluss von der Stadt getrennt wird. Doch solche nostalgischen Anflüge erlauben sich die pragmatischen Hamburger eher selten. Lieber erkennen sie die Zeichen der Zeit: Wo noch vor zehn Jahren Unkraut wucherte, alte Kai- und Speicheranlagen verfielen, wird derzeit auf der größten innerstädtischen Baustelle Europas gearbeitet: Mit der **HafenCity** kehrt Hamburgs Innenstadt zurück an die Elbe. Auf 155 Hektar, einer Fläche fast viermal so groß wie die Vatikanstadt, baut man zwölf neue Quartiere. Wenn sie in 20 Jahren fertiggestellt sind, werden sie die heutige Innenstadt um rund 40 Prozent erweitern. Bis dahin entstehen nicht nur 40 000 Büroarbeitsplätze und 5500 Wohnungen – sondern auch zahlreiche Geschäfte, Restaurants und Museen.

Mit der Elbphilharmonie wird ein Konzertsaal gebaut, der zu den besten weltweit zählen soll. Eine neue Universität bildet hier bald Architekten, Ingenieure und Städteplaner aus. Zum Herzstück der HafenCity wird jedoch das Überseequartier: Nach Abschluss der Bauarbeiten beherbergt es 2011 unter anderem das Kreuzfahrtterminal. Zum benachbarten Science Center gehört dann auch ein sogenanntes Wissenschaftstheater und ein riesiges Aquarium.

Für die Planung des neuen Stadtteils konnten Architekten mit Weltruf gewonnen werden: Die Elbphilharmonie wurde vom Schweizer Büro Herzog & de Meuron geplant, die Architekten hatten schon die Allianz-Arena in München und die Tate Gallery of Modern Art in London gebaut. Das Science Center entwarf der Niederländer Rem Koolhaas (unter anderem Casa da Música, Porto und Niederländische Botschaft, Berlin), den Kreuzfahrtterminal der Italiener Massimiliano Fuksas (Vienna Twin Tower und FrankfurtHochVier). Die Liste ließe sich noch lange fortsetzen...

Obwohl Hamburg hier für die Zukunft baut – der Bezug zum Hafen soll stets erhalten bleiben. Und so bringt die unmittelbare Nähe zum Wasser auch besondere Herausforderungen mit sich: Der gesamte Stadtteil wird (mit Ausnahme der Uferpromenaden) auf einem hochwassersicheren Sockel gebaut – rund acht Meter über Normalnull. Auch eine neue U-Bahnlinie entsteht, erste prominente Mieter sind bereits in ihre Neubauten eingezogen, andere haben ihren Umzug angekündigt. Sogar der SPIEGEL-Verlag gibt seinen traditionellen Sitz an der Brandstwiete auf und wird Ende 2010 in einen neuen Bürokomplex am Brooktorkai ziehen.

Schon heute ist das Flair des neuen Viertels spürbar: Wenn sich an Sommerabenden auf den Magellanterrassen Manager und Studenten, Skater und Liebespärchen treffen, Straßenmusiker dazu ihre Lieder singen, erinnert das nicht zufällig an Barcelona – die öffentlichen Plätze wurden von einem Büro aus der Mittelmeermetropole geplant.

Am Wochenende strömen die Menschen dann über die Niederbaumbrücke bis zur Baustelle des Überseequartiers, hier nehmen sie die neuesten Fortschritte in Augenschein. Und wenn dann noch die Königin Hof hält, erweist ihr nicht nur die HafenCity, sondern die gesamte, sonst so bürgerliche Hansestadt ihre Ehre: Die **Queen Mary 2** verwandelt die Flusspromenaden regelmäßig in ein riesiges Freilufttheater. Nirgendwo feiert man die Einläufe des riesigen Kreuzfahrtschiffs so begeistert wie in Hamburg: Zehntausende,

Und die Königin hält Hof

manchmal Hunderttausende stehen bei diesen Anlässen am Elbufer und warten darauf, dass sich flussabwärts endlich der gigantische Umriss der Königin abzeichnet – ganz gleich, ob ihre Ankunft für früh morgens im Winter oder für einen lauen Sommerabend angekündigt ist.

Wer den Hamburger Hafen weiter entdecken möchte, für den gibt es viele Wege: Bei Sonnenschein ist eine Tour mit dem Fahrrad sicher die angenehmste Art der Fortbewegung. Hubschrauber oder Wasserflugzeug bieten sich an, um einen guten Überblick von oben zu gewinnen. Vom Wasser aus lassen sich die Raffinerien, Kaianlagen und Containerterminals am besten bei einer Hafenrundfahrt erkunden.

Leider endet die Stadt für viele Besucher (und Bewohner) Hamburgs direkt am Südufer der Elbe, also hinter dem Musicaltheater im Hafen oder am Ausgang des Alten Elbtunnels. Doch auch im **Freihafengebiet** gibt es viel zu entdecken. Die Kattwykbrücke zum Beispiel: Sie kann auf 46 Meter angehoben werden und ist damit die größte Hubbrücke der Welt. Mit dem Rad lässt sich auch der Köhlbrand gut erreichen, vom Fährsteg aus genießt man dann den Ausblick auf die imposante Köhlbrandbrücke, die Waltershof und Steinwerder miteinander verbindet. Am Wochenende wird es hier, mitten im Industriehafen, ganz ruhig. Dann sitzen Hobbyangler am Wasser, die Vögel zwitschern, ab und an verirrt sich ein Ausflügler hierher, um mit der Fähre nach Waltershof überzusetzen – obwohl sie doch am Sonntag gar nicht fährt.

Wer den Hafen weiter erkundet, entdeckt noch ganz andere Perlen: **Moorburg** mit seinen idyllischen Fachwerkhäusern und der kleinen Kirche St. Maria-Magdalena. Der Stadtteil, er zählt zu den ältesten in Hamburg, taucht beim Containerterminal Altenwerder ganz unverhofft hinter dem Damm auf. Auch **Finkenwerder**, ursprünglich ein kleines Fischerdorf, ist ein beliebtes Ausflugsziel, hier endet die Fährlinie 62.

Das Nordufer dagegen wurde schon vor Jahrzehnten vom Hamburger Alltagsleben in Beschlag genommen: Die Speicherstadt hat sich mit ihren Museen zu einem kulturellen Zentrum der Stadt entwickelt. Hier spazieren am Wochenende viele Familien an den Fleeten entlang, in der kleinen Kaffeerösterei im Haus Kehrwieder 5 kaufen sie dann den besten Kaffee der Stadt. Im Sommer wird vor den Backsteinfassaden die Hamburger Version des »Jedermann« aufgeführt.

Fast dörflich dagegen die Uferwege an der Elbe: Herrlich lässt es sich vom Fischereihafen aus bis zum Museumshafen und von dort aus weiter nach **Blankenese** spazieren. Das Elbufer ist auch ein beliebtes Erholungsgebiet für die Großstädter. In Övelgönne, der alten Lotsen- und Kapitänssiedlung, sind die Biergärten bei schönem Wetter prall gefüllt, die Kinder spielen am nahen Elbstrand.

Im Sommer riecht es nach Ferienlager und Strandurlaub: Man grillt, spielt, schwimmt auch in der Elbe und wirft immer wieder mal einen Blick auf die atemberaubende Kulisse: Am anderen Ufer des Flusses wird der Containerterminal vom Streulicht der Scheinwerfer hell erleuchtet, Kräne ragen in den Nachthimmel. Ab und zu schiebt sich dann ein großer Pott vor das Panorama – Industrieromantik pur.

Hier mutet Hamburg fast dörflich an: Spaziergänger genießen das schöne Wetter am Fähranleger von Blankenese, einem noblen Elbvorort mit hübschen Villen.

Erste Orientierung

Es gibt ihn ja gar nicht, *den* Hafen: Ein Überblick über ein ebenso großes wie vielfältiges Gebiet.

Blick auf die Innenstadt mit Elbe und Alster. Links liegt die weiße Cap San Diego an den Landungsbrücken, rechts stehen die roten Backsteinbauten der Speicherstadt.

Wenn ein Hamburger sagt: »Ich bin am Hafen«, dann meint er meist die Uferpromenade zwischen Baumwall und den Landungsbrücken. Doch das einzige, was hier eigentlich noch an den Hafen erinnert, sind zwei schwimmende Museen: die Cap San Diego und die Rickmer Rickmers. Beide Schiffe waren auf der Route Hamburg–Südamerika unterwegs – die Rickmer Rickmers brachte zu Beginn des 20. Jh. Salpeter an die Elbe, die Cap San Diego ab 1961 vor allem Bananen. Sie sind die letzten Zeugen einer Zeit, in der sich auf der Norderelbe noch Barkassen, Leichter und Schuten drängten, an den Kaimauern Schauerleute (→ S. 104) schufteten.

Längst sind die Häfen aus Hamburgs Innenstadt herausgewachsen. Sicher, von den Landungsbrücken aus sieht man noch die Werftanlagen von Blohm + Voss, manchmal verirrt sich auch noch ein Stückgutfrachter zum Südwestterminal. Aber die großen Pötte werden weiter elbabwärts abgefertigt, die Hansestädter bekommen sie nur noch selten zu sehen.

Den Hafen gibt es also genau genommen gar nicht. Er besteht aus vielen verschiedenen Teilen. Manche sind noch immer der Schwerindustrie vorbehalten, in anderen haben neue Nutzer die alten Anlagen bezogen, direkt am Wasser entstanden so Museen, Theaterbühnen und Wohngebiete. Wieder andere Areale verfallen langsam – und warten noch auf eine ähnliche Entwicklung. Eine erste Orientierung:

Kleiner Grasbrook

Dass Hamburg trotz der über 100 km Entfernung zur Nordseeküste der wichtigste deutsche Seehafen ist, verdankt die Stadt natürlich der Elbe: Ihre Mündung ist breit genug und mittlerweile so tief ausgebaggert, dass große Schiffe mit einem Tiefgang von bis zu 14,50 m im Hamburger Hafen einlaufen können. Binnenschiffe gelangen noch weiter ins Landesinnere, über die Elbe fahren sie in den Elbeseiten- und Mittellandkanal ein. Für die großen Seeschiffe indes ist an den Elbbrücken Schluss.

Hier, am östlichen Ende des Hafens, finden sich seine romantischsten Teile: Der **Moldauhafen** wurde mit der Unterzeichnung der Versailler Verträge von der Tschechoslowakei gepachtet – so hatte man auch im Kalten Krieg einen vertraglich garantierten Zugang zur offenen See. Inzwischen ist die Pacht an die Tschechische Republik übergegangen, sie läuft noch bis 2028. Doch der Ponton, auf den mit schwarzer Farbe »Praha« aufgepinselt wurde, liegt heute still im Wasser und rottet vor sich hin: Die Tschechoslowakische Elbe-Schifffahrtsgesellschaft ČSPL meldete 2002 Insolvenz an, nun droht das Hafenbecken zu versanden.

Nebenan befindet sich das **Überseezentrum.** Es galt bei seiner Eröffnung in den 1960er-Jahren als größter Verteilerschuppen der Welt, die Anlage wird noch heute genutzt. Gegenüber, am O'Swaldkai, schlägt das Frucht- und Kühlzentrum der HHLA (Hamburger Hafen und Logistik AG) jährlich 770 000 Tonnen Bananen um.

Auch im benachbarten **Saalehafen** und im **Spreehafen** wird das Wasser von Jahr zu Jahr flacher. Hier haben sich vor allem mittelständische Unternehmen angesiedelt, große Schiffe laufen schon lange nicht mehr ein, dementsprechend verzichtet man darauf, die Hafenbecken regelmäßig auszubaggern.

Im **Hansahafen** liegen nur noch Museumsschiffe und alte Schwimmkräne: Das Hafenmuseum im Aufbau hat dort kürzlich einen alten Schuppen bezogen. Er stammt aus der Kaiserzeit und vermittelt einen lebendigen Eindruck vom historischen Hafen. Ehemalige Hafenarbeiter, Lotsen, Kapitäne und Zöllner erklären den Besuchern ehrenamtlich die für immer verloren gegangene Arbeitswelt des alten Hafens, Zusammenhänge werden aufgezeigt, ein alter Schwimmkran, Schuten und Container-Carrier vorgeführt.

Der angrenzende **Südwest-Terminal** ist einer der letzten Stückgut-Terminals im Hafen. Aber auch hier werden immer öfter Container angelandet, die von den mobilen Kränen gelöscht werden.

Steinwerder

Dieses zerfurchte Hafengebiet wird im Westen vom Köhlbrand begrenzt, im Osten vom Reiherstieg, einem Verbindungskanal zwischen Norder- und Süderelbe. Hier betreibt der niederländische Ölmulti Shell eine Schmierölraffinerie, weiter westlich befinden sich am Südufer der Norderelbe die Werftanlagen von Blohm + Voss. In direkter Nachbarschaft hält der »König der Löwen« allabendlich im Musicaltheater Audienz.

Die Hafenbecken von Steinwerder werden wohl in den kommenden Jahren weitgehend zugeschüttet: Ein neuer Containerterminal soll entstehen, der Hafen braucht Stellplatz für das boomende Geschäft mit den genormten Kisten. Oder-, Ross-, Trave- und Kaiser-Wilhelm-Hafen sollen verschwinden.

Südlicher Hafenrand

Große Teile dieses Gebietes sind für die Öffentlichkeit nicht zugänglich –

obwohl sie außerhalb des Freihafens liegen: Südlich von Steinwerder beherrschen Öllager das Landschaftsbild. In **Neuhof** steht Europas größte Ölmühle, hier erzeugt man Biokraftstoffe. Weiter südlich, auf der Insel Kattwyk, wird Rohöl zu Kraftstoff und Schmiermitteln weiterverarbeitet, nebenan warten bis zu 12 000 Autos an einem speziellen Terminal auf ihre Verschiffung.

Dazwischen erstrecken sich teilweise fast menschenleere Industriebrachen und -gebiete von manchmal apokalyptischer Anmutung: Grün wuchert über die Straßen, am Horizont drehen sich Windräder. Auch Bahnstrecken und Rangiergleise prägen das Areal, sie führen zum im Süden gelegenen **Rangierbahnhof Maschen**, dem größten seiner Art in ganz Europa.

Westlicher Hafenrand

Köhlbrand und Süderelbe trennen die älteren Hafengebiete vom neuen Hafenerweiterungsland: Der **Containerterminal Waltershof** ist auch von der Hamburger Innenstadt aus zu sehen. Südlich davon erinnert nur noch eine alte Kirche an Altenwerder, dieses kleine Dorf musste einem weiteren hochmodernen Containerterminal weichen. Vier Containerschiffe der neuesten Generation können hier gleichzeitig anlegen – 14 Containerbrücken nehmen die Ladung entgegen. Die gigantische Anlage in **Altenwerder** ist weitgehend computergesteuert: Nur das Löschen der Schiffe an der Kaimauer und das Verladen auf Lkw geschieht von Menschenhand, ansonsten bringen 75 fahrerlose Transporter die Container zu ihren Zwischenlagern. Geführt werden sie von rund 10 000 Transpondern, die in den Boden des Geländes eingelassen sind. So finden die Maschinen vollautomatisiert den Lagerplatz des jeweiligen Containers. Der Transport ins Hinterland läuft über vier Spuren für Lkw und 6,7 km Gleise in der Abfertigungsanlage. Zwischen den beiden Containerterminals Waltershof und Altenwerder, direkt an der Köhlbrandbrücke, betreibt Hansaport einen Schüttgutterminal für Eisenerz und Kohle. Die vier riesigen Baggerschaufeln bewegen bis zu 150 000 Tonnen am Tag, jede von ihnen fasst 38 Tonnen – etwa eine Schwerlaster-Ladung.

Das idyllische Dörfchen **Moorburg**, einer der ältesten Stadtteile Hamburgs, liegt südlich vom ehemaligen Altenwerder. Nach dem Willen des Senats könnte aber auch diese Fachwerksiedlung bald nur noch Geschichte sein: Moorburg gehört zum Hafenerweiterungsgebiet, die meisten Häuser hat die Stadt bereits aufgekauft.

Das Nordufer der Elbe

Das Gebiet zwischen Baumwall und Övelgönne gehört flächenmäßig zu den kleinsten der hier beschriebenen, trotzdem stellt es den Schwerpunkt des vorliegenden Reiseführers dar. Hier verläuft die Entwicklung genau entgegengesetzt: Industriehäfen sind am Nordufer schon seit langem auf dem Rückzug, neue Nutzer beleben alte Anlagen.

Im Westen liegt unterhalb der Elbchaussee die pittoreske Lotsen- und Kapitänssiedlung **Övelgönne**. Ein schmaler Weg trennt die Häuser von ihren Gärten an der Elbseite. Besonders am Wochenende sind Tausende von Spaziergängern in der Siedlung unterwegs. Weiter westlich beginnt der Elbuferweg, unter Bäumen kann man am Fluss entlang bis nach Blankenese wandern.

An Övelgönne schließt östlich **Neumühlen** an. Direkt am Wasser haben sich hier viele gute Restaurants in den Erdgeschossen der modernen Bürogebäude niedergelassen. Vielleicht auch wegen der Nähe zum Fischereihafen: Dort legen zwar schon lange keine Kutter mehr an, mit Fischen und Meerestieren handelt man

Großereignisse wie der Hafengeburtstag lassen die Menschen zu Tausenden an die Uferpromenade strömen (rechts im Bild das Museumsschiff Rickmer Rickmers).

aber noch immer. Einige Unternehmen besetzen Nischen wie den Handel mit Kaviar oder Hummer, andere sind auf Masse ausgerichtet. Besonders empfehlenswert ist ein Besuch zur Mittagszeit: Dann bieten viele Händler in angeschlossenen Imbissen köstlichen Fisch zu günstigen Preisen an.

Oberhalb des Fischereihafens erstreckt sich der **Altonaer Balkon** auf dem Rücken des Elbberges – eine Parkanlage mit einem wunderbaren Blick auf den Hafen. Eine kleine Treppe führt von dort wieder hinunter zum Kneipenviertel rund um die alte Mälzerei. In ihr ist heute das Stilwerk untergebracht, ein Kaufhaus, das sich auf Design und Lifestyle spezialisiert hat.

Jeden Sonntag verwandelt sich die Straße vor dem Stilwerk in einen riesigen Freiluftmarkt, den legendären **Fischmarkt**. Besucher wie Bewohner der Hansestadt schlendern über das Kopfsteinpflaster, kaufen hier Aale, Blumen, Käse, Socken und Wein. In der Fischauktionshalle trifft man sich zum Frühschoppen oder zum Absacker-Bier nach durchzechter Nacht.

Gleich hinter dem Fischmarkt beginnen auch die Wohnviertel am Elbufer. In Richtung Innenstadt schließt die Hafenstraße an: Hier lieferten sich Hausbesetzer und Polizei in den 80er-Jahren wilde Straßenschlachten. Am Ende der **Hafenstraße** folgen die Landungsbrücken – sie zählen zu den meistfotografierten Motiven der Hansestadt, ebenso die Uferpromenade mit der Rickmer Rickmers sowie der Cap San Diego. Kleine Straßen führen hier hinein ins pittoreske **Portugiesenviertel**: Ein Gefühl von Mittelmeer kommt auf, man sitzt bis spät in die Nacht auf der Straße, isst Fisch, lauscht den Straßenmusikern und trinkt dazu Galao, Wein oder Sarges, ein portugiesisches Bier.

Nördlich vom Baumwall liegt dann die eigentliche Innenstadt, südöstlich die Speicherstadt und die entstehende HafenCity.

Speicherstadt und HafenCity

Noch bis in die 70er-Jahre hinein war das Gebiet zwischen Speicherstadt und Oberhafen ein Ort des Handels und der Arbeit, der Schauermänner und Quartiersleute. Aber die Schuppen und Speicher waren schon damals nicht mehr zeitgemäß, für die immer größeren Schiffe wurden hier auch die alten Hafenbecken zu klein. Also verlagerte man den Hafen elbabwärts und gen Süden. Übrig blieben Anlagen, die kein Mensch mehr brauchte.

Die stilvollen (und denkmalgeschützten) Backsteinhäuser der Speicherstadt fanden schnell neue Nutzer: Werbeagenturen sind jetzt hier untergekommen, Medienunternehmen und Konsulate. Seit den 90er-Jahren werden die alten Lagerböden auch mehr und mehr als Museen genutzt, auch für die größte Modelleisenbahn-Landschaft der Welt bietet sie ausreichend Platz.

Aber was sollte mit den weiten Industriebrachen geschehen, was mit den alten Hafenbecken? 1997 präsentierte der damalige Hamburger Bürgermeister Henning Voscherau einen aufsehenerregenden Plan, inzwischen werden seine Visionen umgesetzt: Hamburg wächst zurück ans Wasser, ein neuer Stadtteil entsteht am alten Hafen – die HafenCity. Die Arbeiten an zwei der insgesamt zwölf neuen Quartiere sind bereits abgeschlossen, die ersten Mieter schon eingezogen. In den kommenden Jahren wird hier eine neue U-Bahnlinie gebaut, mit der spektakulären Elbphilharmonie will Hamburg international auf sich aufmerksam machen, weltweit bekannte Architekten sollen weitere städtebauliche Ausrufungszeichen setzen. Bis 2010/2011 wird man den Westen des Areals entwickeln – und mit ihm das zentrale Überseequartier: Hier schlägt künftig das Herz der HafenCity. Im Osten lässt man sich noch bis 2025 Zeit. Dann sollen in der fertiggestellten HafenCity rund 40 000 Menschen arbeiten und rund 10 000 Menschen wohnen – sehr zentral und doch direkt am Wasser.

Mithilfe der weitgehend computergesteuerten Containerbrücken (→ S. 14) können die riesigen Schiffe heute in kurzer Zeit beladen oder gelöscht werden.

MERIAN *live!*-QUIZ

GEWINNSPIEL: Monat für Monat eine Reise und weitere attraktive Preise zu gewinnen!

Um wen, was oder welchen Ort geht es hier?

»Für ein Hamburger Original eher untypisch, ist der Gesuchte sehr erdverbunden und gänzlich wasserscheu. All die Schlepper und Schiffe, selbst die imposante Queen Mary 2, lässt er gelassen über sich ergehen.

Zwar ist der Gesuchte weniger beschäftigt als früher, aber mit bald hundert Jahren noch keineswegs im Ruhestand, geschweige denn hinfällig. Natürlich hat er, bei dessen Geburt der letzte Kaiser zugegen war, viel erlebt. Urlaub machte er, wie im Bombenhagel des Krieges, nur unfreiwillig. Ebenso während der großen Sturmflut: Als da seine Partnerin das gemeinsame Bett verließ, ließ er sich einfach volllaufen. Ein Tiefpunkt der Beziehung.

Später nahm er sich ihretwegen erneut eine Auszeit, als sie ihm, mit tiefschürfenden Veränderungen im Bett, hemmungslos auf die Pelle rückte. Pflegte er schon vorher hanseatische Distanz, hat er sich seither, sozusagen, ein dickeres Fell zugelegt, mehr verkapselt. Auch die Sonne fehlt ihm nicht, Hamburger sind da einiges gewohnt. Dafür hat er sich stilvoll eingerichtet, mit viel Majolika an den Wänden.

Im Sommer tauchen Künstler bei ihm auf, und sein Zuhause wird zur ungewöhnlichsten Galerie. Auch für untergründigen Sport ist er zu haben: Im Januar bringt er Hunderte laufend ins Schwitzen. Doch genau betrachtet ist der Gesuchte seit je einer mit Tiefgang. Vielleicht sollte er noch fürs Fernsehen arbeiten, denn wo lässt sich besser in die Röhre gucken als bei ihm?«

Felix Woerther

Wenn Sie die Lösung wissen, besuchen Sie uns doch im Internet unter **www.merian.de/quiz** oder senden Sie uns eine E-Mail an **quiz@travel-house-media.de**

Unter den Einsendern verlosen wir Monat für Monat attraktive Preise. Viel Glück!

presented by **OLYMPUS**

Gewusst wo ...

Auf der Lindenterrasse des Restaurants Le Canard Nouveau (→ S. 21) genießen die Gäste von Sternekoch Ali Güngörmüs eine mediterrane Küche mit orientalischem Einschlag.

Ob Nippes-Läden oder Nobel-Boutiquen, Imbissbuden oder stilvolle Sternerestaurants, klassische Kaschemmen oder kosmopolitische Hotelbars: Der Hafen bietet (fast) unbegrenzte Möglichkeiten.

Essen und Trinken

Auch für Feinschmecker ist der Hafen ein lohnendes Ziel, sogar Sterneköche kochen hier um die Wette.

Bereits 1991 wurde Christian Rach mit einem Michelin-Stern ausgezeichnet. Aus den Fenstern seines Restaurants Tafelhaus genießt man einen schönen Blick auf den Containerterminal Waltershof.

Hamburg ist zweifellos die Hauptstadt der Fernsehköche: Jeden Freitag brutzeln sie an der schnieken Rothenbaumchaussee im Studio von Johannes B. Kerner, im Arbeiterviertel Jenfeld zeichnete Tim Mälzer die Show »Born to Cook« auf, und im hippen Altona rollt sein Nachfolger Steffen Henssler sein Sushi. Natürlich macht sich solche geballte kulinarische Präsentation auch jenseits der Kameras bemerkbar: Die Hansestadt bietet für fast jeden Geschmack das richtige Restaurant, auch den Gourmets ist Hamburg das Tor zur Welt.

Die meisten Edel-Küchen finden sich zwar noch immer in Eppendorf und an der Binnenalster, die Sterneköche Christian Rach und Ali Güngörmüs haben sich allerdings am Elbufer niedergelassen. Auch bei den Kochkollegen ohne Michelin-Auszeichnung lässt es sich mit Blick aufs Wasser gut speisen. Man muss sich eben nur entscheiden können: zwischen asiatisch inspirierter Crossover-Cuisine, Edel-Italienern, Sushi-Lokalen, Portugiesenrestaurants...

Nur wenige Meter von der Elbe entfernt kommen natürlich auch traditionelle Hamburger Gerichte auf den Tisch: Das »Labskaus«, ein altes Seemannsessen, besteht aus zerstampften Kartoffeln, Rote Beete sowie Corned Beef, es wird mit Spiegelei und Rollmops serviert. Nicht weniger köstlich (aber doch deutlich schöner anzusehen) ist die »Ewerführer-Scholle Finkenwerder Art«. Hinterher trinkt der Hamburger in einer Hafenkneipe »Lütt un Lütt« – klein und klein, sprich 2 cl Korn und 0,25 l Pils.

Die Familie des eingangs erwähnten Fernsehkochs Tim Mälzer zog es ebenfalls immer wieder ans Wasser. Doch während der Kochrebell derzeit sein neues Restaurant plant, nachdem er kürzlich seine Anteile am 2002 gegründeten »Weißen Haus« verkauft hat, fiel Mutter Mälzer der Macht der Natur zum Opfer: Eine Sturmflut im Herbst 2007 schädigte die Substanz der erst knapp zwei Jahre zuvor wiedereröffneten »Oberhafenkantine« so sehr, dass sie ihr Hausmannskost-Restaurant im historischen Ambiente aufgeben musste.

Für die kleine Mahlzeit zwischendurch seien auch die Delikatessenläden im Fischereihafen empfohlen: Fisch und Meeresfrüchte werden hier nicht nur verkauft, sondern in den angeschlossenen Bistros auch gleich zubereitet (→ Einkaufen, S. 34).

Zuletzt noch ein praktischer Tipp: Vor allem die besseren Restaurants sind oft ausgebucht, besonders am Wochenende empfiehlt sich hier also eine frühzeitige Reservierung!

Restaurants ●●●●

Das Tafelhaus →S. 118, B 5

Christian Rachs Tafelhaus hat sich seit 1989 zu einer Institution in der Hansestadt entwickelt: Nach nur zwei Jahren erkochte er sich einen Michelin-Stern, den er seitdem erfolgreich verteidigt. 2004 zog der gebürtige Saarländer mit seinem Team von Bahrenfeld an die Elbe, in den lichten, modern eingerichteten Räumen speist man jetzt mit Blick auf den Containerhafen. Auf der Karte stehen Gerichte wie Ochsenschwanz auf Trüffelgemüse, Kaninchen-Langustenspieß oder gerollter Schwertfisch auf Zitronenblättern und Pierre-Algen. Das Angebot an Speisen wechselt saisonal, der Weinkeller ist gut sortiert.

Neumühlen 17; Tel. 89 27 60; www.tafelhaus.de; Bus 112 Lawaetzhaus, Fähre 61/62 Övelgönne; Mo–Fr 12–14.15 und 19–21.30, Sa 19–21.30 Uhr ●●●● CREDIT

Le Canard Nouveau →S. 118, A 5

Mick Jagger hat er schon bekocht, damals in München, und für eine Fachjury war er »Die Entdeckung des

Jahres 2003«. Zwei Jahre später zog der bajuwarische Türke Ali Güngörmüs von der Isar an die Elbe und übernahm dort das Le Canard, das er komplett neu einrichten ließ: Hanseatisch zurückhaltend ist das Interieur der »Neuen Ente« (nichts anderes heißt »canard nouveau«), luftigleicht der Japanraum und romantisch der Blick, den die Lindenterrasse bietet. Güngörmüs hat sein Handwerk gelernt und in Münchens edelsten Küchen bis zur Kunst verfeinert. Im Canard Nouveau bietet er jetzt eine mediterrane Küche mit orientalischen Einschlägen. Mittags gibt es das Drei-Gänge-Menü schon für 31 €.
Elbchaussee 139; Tel. 88 12 95 31; www.lecanard-hamburg.de; S-Bahn Reeperbahn, dann Bus 36 Hohenzollernring Süd, Fähre 61/62 bis Oevelgönne; Di–Sa 12–14.30 und 18.30–22.30 Uhr ●●●● AmEx MASTER VISA

RESTAURANTS ●●●

Au Quai

→ S. 118, C 5

Inmitten alter Lagerhallen, zwischen Design-Möbelhäusern und Galerien, ist das Au Quai in einem umgebauten Kühlhaus untergebracht. Das Restaurant gilt mittlerweile als eine echte Instanz im Hafen. Seine Einrichtung gibt sich bescheiden aber geschmackvoll: Charmant sind die alten Hafenfotografien an der roten Wand, stilsicher ist die Kombination von Alt und Neu. Da stehen lederne Freischwinger an massiven Gründerzeit-Tischen, weiße, schlichte Cocktailsessel vor einer alten Anrichte aus Wurzelholz. Legendär ist der Vorspeisenteller, aber auch der Nachtisch lässt den Elbblick schnell vergessen. Oder wer schaut schon aus dem Fenster bei Chocolat Malheur mit Lavendelblüten-Honig-Eis und Blaubeerkompott?
Große Elbstr. 145 b–d; Tel. 38 03 77 30; www.au-quai.de; Fähre 61/62 Dockland, Bus 112 Elbberg; Mo–Sa 12 Uhr bis open end, Küche bis 22.30 Uhr ●●● CREDIT

Brook

→ S. 120, C 9

Wer von der Klinkerstein-Kulisse der historischen Speicherstadt nicht genug bekommen kann, kann sie beim Dinner im Restaurant Brook weiter bewundern. Im Schatten der

Im Restaurant Brook gegenüber der Speicherstadt wird viel Wert auf eine kreative Frischeküche und guten Service gelegt.

Das Restaurant Fillet of Soul in den Hamburger Deichtorhallen: Hier kann man drinnen und auch draußen in schöner Atmosphäre sitzen, die Küche gibt sich international.

St. Katharinen-Kirche genießt der Besucher eine asiatisch angehauchte Küche aus regionalen Zutaten: Der Kalbsrücken auf Austernpilzen wird mit einem Tomatenchutney serviert, zur Dorade gibt es Currylinsen. Unschlagbar günstig ist das täglich wechselnde Vier-Gänge-Menü für 29 €, denn à la carte wird's deutlich teurer!

Bei den Mühren 91; Tel. 37 50 31 28; www.restaurant-brook.de; Bus 6 Brandstwiete; Mo–Sa 12–15 und 18–22.30 Uhr ●●● AmEx

Fillet of Soul ···> S. 121, D/E 9

Die Spezialität des Hauses, die Currywurst »1st Generation«, wird besonders vom Personal der Deichtorhallen geschätzt: Das Restaurant hat seinen Platz in den Räumlichkeiten dieses Kunstmuseums gefunden. Seine Einrichtung ist ebenso modern wie seine Küche, provenzalische Dorade, honigglasierte Entenbrust asiatischer Art und hausgemachtes Ciabatta-Brot werden hier serviert. Den betont lässig gekleideten Köchen kann man dank der offenen Küche über den Tresen hinweg bei der Arbeit zuschauen, statt Kochmützen tragen die Jungs um Küchenchef Patrick Gebhardt lieber ihre Basecaps. Dagegen sind die Tische deutlich traditioneller hergerichtet: Rosmarinzweige veredeln das Olivenöl, das Meersalz zum Nachwürzen ist in kleine Weckgläser aus Omas Keller abgefüllt.

Deichtorstr. 2; Tel. 70 70 58 00; www.fillet-of-soul.de; U 1 Steinstraße; Di–So 11–22 Uhr ●●●

Fischereihafen-Restaurant ···> S. 118, C 5

Ein Lokal mit Tradition: Schon 1951 wurde das Fischereihafen-Restaurant in der Großen Elbstraße eröffnet, seit 1981 ist Rüdiger Kowalke der Herr über das Haus. Man schmeckt, dass er direkt neben den Fischhandelshäusern im Altonaer Hafen kocht: Frischer und saftiger sind Fisch und Meeresfrüchte in Hamburg schwer zu finden. Die Einrichtung ist gutbürgerlich edel, fast festlich: Seebilder an der Wand, viel dunkles Holz, am Balkon tiefrote Vorhänge. Dort sitzt man zwar recht beengt, aber dafür mit einem traumhaften Blick aufs Wasser.

Große Elbstr. 143; Tel. 38 18 16; www.fischereihafenrestaurant.de; Bus 383 Van-der-Smissen-Straße, Fähre 61/62 bis Dockland; tgl. 11.30–22, Fr/Sa bis 22.30 Uhr ●●● CREDIT

Henssler & Henssler ⇢ S. 119, D 5

Über den Fernsehkoch Steffen Henssler ist schon viel geschrieben worden, über seinen Vater Werner nicht: Der Altmeister hat sein Kochhandwerk im legendären Hotel Atlantic gelernt und das Talent seines Sohnes früh gefördert. In der Küche hat mittlerweile Henssler Junior das Zepter übernommen, aber im Gastraum gibt immer noch Henssler Senior den Ton an. Das Ambiente der alten Lagerhalle ist sachlich, nichts lenkt vom Teller ab – außer vielleicht der eine oder andere Prominente. Drei Viertel der Gäste bestellen eines der Menüs, sagen die Hensslers. Die sind zwar sehr köstlich, aber als Spezialität des Hauses gilt das Sushi: Seine hohe Kunst hat Steffen an der Sushi Academy in Los Angeles gelernt, seine Röllchen sind also oscarreif.

Große Elbstr. 160; Tel. 38 69 90 00; www.h2dine.de; S-Bahn Königsstraße, Fähre 61/62 Dockland; Mo–Sa 12–15 und 18–23.30 Uhr ●●● AmEx

IndoChine ⇢ S. 118, B 5

Die französische Kolonie Indochina, heute Kambodscha, Laos und Vietnam, bietet eine abwechslungsreiche Küche: asiatische Tradition gepaart mit französischer Raffinesse. Und genau das möchte das Restaurant an die Elbe auf den Tisch bringen. Hell erleuchtet steht eine goldene fernöstliche Statue in der Mitte des Raumes – Tradition trifft auf weiße Tischdecken und schwarz gepolsterte Bistrosessel aus Edelstahl. Spezialität des Hauses ist der vietnamesische Feuertopf, er muss allerdings schon am Vortag bestellt werden.

Neumühlen 11; Tel. 39 80 78 80; www.indochine.de; Bus 112 Neumühlener Kirchenweg; tgl. 12–24, Brunch So 11–15 Uhr ●●● AmEx MASTER VISA

Das Restaurant IndoChine lockt mit einem schönen Ambiente und seiner raffinierten Küche, die eine Mischung aus asiatischen und französischen Elementen bietet.

Das beste Sushi der Stadt: Steffen Henssler betreibt gemeinsam mit seinem Vater das Henssler & Henssler. Ausbilden ließ sich der gelernte Koch in Los Angeles.

La Vela → S. 119, E 5

Im historischen Stadtlagerhaus von 1880 bietet das La Vela traditionelle italienische Küche. Die Weinkarte ist lang, das Lammrückenfilet zart und die Crème Brulée mit Thymian ein interessanter Kontrast zum Apfelsorbet. Zwischen unverputzten Backsteinmauern wirkt die Einrichtung angenehm unaufdringlich, vor allem im Sommer empfiehlt es sich aber, einen Tisch auf der Terrasse zu reservieren: In so schöner Hafenumgebung kann man sonst nur am Porto Vecchio von Genua essen.

Große Elbstr. 27; Tel. 38 69 93 93; www.la-vela.de; Fähre 61/62 oder Bus 112 Fischmarkt; Mo–Sa 12–23, So 12–22 Uhr ●●● AmEx MASTER VISA

Lutter & Wegner → S. 119, E 5

Im Mutterhaus am Berliner Gendarmenmarkt isst die Prominenz der Hauptstadt. Loriot war schon da und Sir Peter Ustinov. Jetzt hat das Restaurant eine Filiale an der Elbe eröffnet, und auch hier gibt's den legendären Berliner Sauerbraten, das »beste Wiener Schnitzel außerhalb Wiens« (»New York Times«), Angusochsenfilet und Stubenküken. In Berlin war Lutter & Wegner ursprünglich als Weinhandlung gegründet worden – was man der riesigen Weinkarte noch immer ansieht.

Große Elbstr. 49; Tel. 8 09 00 90 00; Fähre 61/62 oder Bus 112 Fischmarkt; tgl. 11–23 Uhr ●●● AmEx MASTER VISA

Rive → S. 119, D 5

Näher dran an der Elbe geht gar nicht: Gerade mal 2 m sind es von den Fenstern bis zur Kaimauer. Kein Wunder, dass das Restaurant vor allem für feinen Fisch bekannt ist. Auf der Karte steht Klassischer Hamburger Pfannfisch mit Senfsoße, mediterraner Steinbeißer auf Balsamicolinsen oder fernöstliche Scampi Saigon aus dem Wok. Als Vorspeise eine Hummersuppe bestellen!

Van-der-Smissen-Str. 1; Tel. 3 80 59 19; www.rive.de; Fähre 61/62 Dockland; tgl. 12–0 Uhr ●●● AmEx

Schauermann → S. 119, F 5

Die Stühle und Bänke erinnern Sie an alte Zeiten? Irgendwo schon einmal gesehen? 1968 wurde das Mobiliar von Thonet (Norman Foster, Mies van der Rohe) für das Restaurant im Hamburger Fernsehturm entworfen – jetzt steht es im Schauermann. Der Name des Restaurants verweist übrigens auf die Hafenarbeiter (→ Sprachführer, S. 106), die früher unten am Wasser schufteten – heute trifft sich hier die Medienbranche nach getaner Arbeit. Aus der wöchentlich wechselnden Menükarte kann man sich für 34 € drei Gänge selbst zusammenstellen, das Essen ist perfekt zubereitet, die Terrasse im Sommer einfach traumhaft.

St.-Pauli-Hafenstr. 136–138; Tel. 31 79 46 60; www.restaurant-schauermann.de; Bus 112 St.-Pauli-Hafenstraße; Mo–Sa ab 18.30 Uhr ●●● CREDIT

RESTAURANTS ●●

Alt Helgoländer Fischerstube

→ S. 119, E 5

»Hart Backbord!« In der Helgoländer Fischerstube steht neben Schiffsmodellen auch ein echtes Schiffsruder. Die einzige Hochseeinsel Deutschlands liegt zwar gut 170 km vom Hamburger Fischmarkt entfernt, aber Hummer, Steinbeißer und Rotbarsch haben es trotzdem nicht weit: Die frische Ware kommt aus dem Fischereihafen, und so gibt es in dem liebevoll eingerichteten Lokal vor allem eines: Fisch, Fisch, Fisch!

Fischmarkt 4a-c; Tel. 3 19 46 96; www.althelgolaenderfischerstube.de; Bus 112 Fischmarkt; tgl. 12–22 Uhr ●● CREDIT

Chilli Club

→ S. 89, C 2

Der erst kürzlich eröffnete Chilli Club ist schon heute so, wie die HafenCity noch werden soll: jung, stylisch, international. Auf den Tisch kommen Fingerfood, Sushi und Speisen aus dem Wok, auf der Terrasse hat man einen herrlichen Blick über den Sandtorhafen, die derzeit entstehende HafenCity und die neue Elbphilharmonie.

Am Sandtorkai 54; Tel. 35 70 35 80; www.chilliclub.de; Bus 3 Auf dem Sande; tgl. 12–23 Uhr ●● AmEx

Man nehme ein kleines weißes Lotsenhaus und baue es zu einem Restaurant mit zwei Räumen und einem Wintergarten um: Fertig ist das Weiße Haus von Christian Senkel.

MERIAN-Tipp

1 Das Weiße Haus

Nein, Fernsehkoch Tim Mälzer steht hier seit Herbst 2007 nicht mehr hinter dem Herd, trotzdem schmeckt es noch sehr gut im Weißen Haus. Und es ist wie immer gut besucht. Wer hier zu Abend essen will, muss sich mehr als rechtzeitig anmelden. Mittags sieht es dagegen besser aus: Oft lässt sich noch kurzfristig ein freier Tisch ergattern, kaum eine Speise kostet mehr als 10 €. Doch Vorsicht, die Zutaten für die Tagesgerichte werden nicht sehr großzügig eingekauft, manchmal sind die beliebtesten Speisen schon um 13 Uhr aus.

Neumühlen 50; Tel. 3 90 90 16; www.das-weisse-haus.de; Bus 112 Neumühlen, Fähre 61/62 Övelgönne; Mo–Fr 12–15 und ab 18, Sa ab 18 Uhr; ●● AmEx → S. 118, A 5

Fischrestaurant Hoppe

→ S. 118, A 5

Schon seit 1890 werden in diesem Traditionslokal Gäste bewirtet. Im Winter gibt es hier sehr gute Stinte, empfehlenswert ist das Lokal das ganze Jahr über vor allem wegen seiner Hamburger Fischspezialitäten – und seiner schönen Terrasse.

Övelgönne 6; Tel. 8 80 04 45; www.fischrestaurant-hoppe.de; Bus 112 Neumühlen, Fähre 61/62 bis Övelgönne; Di–Sa 11.30–23, So 11.30–18 Uhr ●● CREDIT

Lust auf Italien

→ S. 119, D 5

Ein wenig rustikal – man könnte auch sagen: unspektakulär – wirkt dieses Lokal schon: Die Einrichtung ist schlicht und einfach, aus den großen Fenstern schweift der Blick hinaus zu den Fischhändlern. Aber dann kommt das Essen: frisch, gut und köstlich – besonders die große Auswahl an Scampi-Gerichten. Ein weiterer Pluspunkt: Das Lokal ist sehr kinderfreundlich. Wochentags von 12–15 Uhr wird ein vergünstigter Mittagstisch angeboten.

Große Elbstr. 133; Tel. 38 28 11; www.lustaufitalien.de; Fähre 61/62 Dockland; tgl. 12–23.30 Uhr ●● MASTER VISA

Riverkasematten

→ S. 119, E 5

Schön sind die Riverkasematten ohne Zweifel, nicht viele Hamburger Restaurants können in diesem Punkt noch mithalten. In den ehemaligen Lagergewölben am Hafen serviert man Ente Teriyaki, auch die anderen Gerichte sind solides Kochhandwerk. In der angeschlossenen Bar kann man sich nach dem Essen bei Lounge-Musik und Cocktails entspannen.

St.-Pauli-Fischmarkt 28–32; Tel. 30 06 01 90; vwww.river-kasematten.de; Bus 112 Hafentreppe; tgl. 12 Uhr bis open end ●● CREDIT

Seepferdchen am Hafen

→ S. 119, D 5

Es zählt zu den neueren Lokalen im Fischereihafen: Ursprünglich hatten die Besitzer des Seepferdchens von hier aus nur einen Catering-Service betrieben, der lief dann aber so gut, dass man die Gäste nun auch direkt vor Ort bewirtet. Das Innere des alten Lagerhauses ist dezent und stilvoll eingerichtet, die meisten Gerichte sind italienisch angehaucht, man versteht sich aber auch auf asiatische Gerichte. Die Wochenkarte bietet Spezialitäten der Saison.

Große Elbstr. 212; Tel. 38 61 54 42; www.der-blaue-hummer.de; Fähre 61/62 Dockland; So–Fr 11.30–22 Uhr ●● MASTER VISA

Warsteiner Elbspeicher

→ S. 119, D 5

Die Crème Caramel sei im Herbst und Winter empfohlen, der Grüne Aal in Dill zu jeder Jahreszeit. Untergebracht ist das Restaurant Warsteiner in einem alten Elbspeicher mit Blick auf den Fluss, die Werft Blohm + Voss

und die vielen Hafenkräne am anderen Ufer.
Große Elbstr. 39; Tel. 38 22 42; www.warsteiner-elbspeicher.de; Bus 112 Fischmarkt; tgl. 12–22 Uhr ●●
AmEx MASTER VISA

Restaurants ●

Buddha's Kitchen
→ S. 119, D 5

Hier isst man asiatisch – und hat dabei die Qual der Wahl zwischen Sushi oder Wokgerichten, Ente oder Singapore Noodles. Die Köche gehen ihrer Arbeit direkt hinter einem Tresen nach, man kann ihnen also während des Essens zuschauen.
Große Elbstr. 133; Tel. 25 55 45; www.bkitchen.de; Fähre 61/62 Dockland; tgl. 11.30–23 Uhr ● MASTER VISA

Casa Madeira
→ S. 119, D 5

Am Altonaer Fischmarkt ist das Casa Madeira in den Lagerhallen untergebracht. Kein Wunder also, dass vor allem Fisch auf den Tisch kommt. Günstiger Mittagstisch.
Große Elbstr. 133; Tel. 38 10 99 93; www.restaurant-casa-madeira.de; Fähre 61/62 Dockland; tgl. 11–23 Uhr ●

Casa Madeira
→ S. 120, A/B 9

Im Disney-Film Ratatouille ist Sternekoch Auguste Gusteau der gute Geist seines Restaurants. Sterneverdächtig ist die Küche des Casa Madeira zwar nicht, aber solide. Der gute Geist des Casa Madeira heißt übrigens Franco.
Ditmar-Koel-Str. 14; Tel. 74 04 18 80; S-/U-Bahn/Fähre Landungsbrücken; tgl. 9.30–2 Uhr ●

Dock 14
→ S. 119, E 5

Den Magen füllt der Besuch im Dock 14 auf jeden Fall: Sattmacher wie Aufläufe, Burger und Pizza stehen auf der Karte, daneben aber auch Salate. Kein Wunder, dass dieses Lokal auch bei Fischmarktbesuchern am frühen Sonntag sehr beliebt ist.
St.-Pauli-Fischmarkt 14; Tel. 31 45 67; Bus 112 Fischmarkt; Mo–Do 11–23, Fr–Sa 11–2, So 5–0 Uhr ● CREDIT

El Tequito
→ S. 119, E 5

Ein Klassiker unter den mexikanischen Küchen in Hamburg: Seit 1991 wird hier mexikanisch und kalifornisch gekocht. Zur Einstimmung schmecken die Magheritas besonders gut.
St.-Pauli-Fischmarkt 3; Tel. 3 19 32 78; www.eltequito.de; Bus 112 Fischmarkt; tgl. 18–1 Uhr ● AmEx MASTER VISA

Fischerhaus
→ S. 119, E 5

Tradition seit 1952: Das Fischerhaus am Fischmarkt zählt sicher zu den ältesten Restaurants am Hafen. Empfehlenswert die Ewerscholle – eine original Hamburger Spezialität.
St.-Pauli-Fischmarkt 14; Tel. 31 40 53; www.restaurant-fischerhaus.de; Bus 112 Fischmarkt; tgl. 11–23 Uhr ●
AmEx MASTER VISA

Galego
→ S. 120, B 9

Die Portugiesen im nach ihnen benannten Viertel zwischen Landungsbrücken und Baumwall sind besonders bei den auswärtigen Besuchern beliebt. Das Galego befindet sich in einem alten Windmühlenturm unterhalb der Hochbahn. Vor allem die Fischgerichte werden oft geordert.
Vorsetzen 70; Tel. 37 11 71; www.galego.de; U 3 Baumwall; Di–So 12–1 Uhr ●
MASTER VISA

Fischkajüte
→ S. 119, F 5

Rustikal eingerichtetes Lokal. Es bietet alle Hamburger Spezialitäten von Aal bis Zander.
Bei den St.-Pauli-Landungsbrücken 5; Tel. 31 41 62; S-/U-Bahn/Fähre Landungsbrücken; tgl. 10–22 Uhr ●

Pantry
→ S. 119, F 5

Deftiger Erbseneintopf, frische Nordseekrabben und dazu der Klassiker: Schollenfilet – das Restaurant Pantry bietet solide Hamburger Hausmannskost. Manchmal kommen auch die Schlepper-Kapitäne hier zum Mittagessen.

Wer hier kein Fernweh bekommt: Das Restaurant Überseebrücke bietet einen herrlichen Blick auf den Hafen und die vorüberfahrenden Schiffe.

Bei den St.-Pauli-Landungsbrücken 9; Tel. 31 32 27; www.restaurant-pantry.de; S-/U-Bahn/Fähre Landungsbrücken; tgl. 10–21 Uhr

Restaurant Überseebrücke
→ S. 120, A 9

Mehr Hafen geht nicht. Mit Blick auf die Rickmer Rickmers, auf das Dock der Werft Blohm + Voss und die Hafenfähren serviert die Küche des Restaurants Überseebrücke internationale Küche mit Hamburger Einschlag. Labskaus steht ebenso auf der Karte wie Rumpsteak vom Grill.

Johannisbollwerk 2; Tel. 31 29 29; www.ueberseebruecke.com; S-/U-Bahn/Fähre Landungsbrücken; tgl. 11.30–22 Uhr CREDIT

Steak & Fish House am Alten Elbtunnel
→ S. 120, A 9

Fans von Rumpsteaks oder Steak-Burgern sind im Steak & Fish House gut aufgehoben. Auch bei den Schnitzeln gibt es eine große Auswahl: vom Jäger- über Käse-, Zwiebel- und Zigeunerschnitzel bis hin zum Gemüseschnitzel.

Bei den St.-Pauli-Landungsbrücken 7; Tel. 31 18 22 83; www.steakundfish.de; S-/U-Bahn/Fähre Landungsbrücken; tgl. 11–22 Uhr

Watergate
→ S. 119, F 5

Das Watergate bietet internationale Küche mit starken italienischen und portugiesischen Einschlägen. Besonders schön sitzt man im Sommer auf der Terrasse.

Bei den St.-Pauli-Landungsbrücken 8; Tel. 31 76 10 03; S-/U-Bahn/Fähre Landungsbrücken; Mo–Sa 10–22, So 8.30–22 Uhr, im Winter tgl. nur bis 20 Uhr

Cafés und Snack-Bars

Café Elbterrassen
→ S. 118, A 5

Schönes Örtchen im Grünen – und direkt oberhalb des Museumshafens.

Övelgönne 1; Tel. 3 90 34 43; Bus 112 oder Fähre 61/62 Neumühlen; tgl. 11–23 Uhr

Café im Kesselhaus
→ S. 89, b 2

Wer sich im Infozentrum des alten Kesselhauses über die HafenCity schlau gemacht hat, kann sich hier

anschließend bei Kaffee und Kuchen entspannen. Als Snack für zwischendurch ist auch die Suppe besonders zu empfehlen.
Am Sandtorkai 30; Tel. 36 90 18 58; Bus 3 Auf dem Sande; Di–So 10–18 Uhr

Café Pascucci → S. 89, C 2

Es könnte eine Berühmtheit werden, das Café Pascucci. Als erste Bar öffnete es inmitten der riesigen Baustelle, die jetzt rasend schnell zur HafenCity heranwächst. Bei einem Cappuccino kann man hier den Blick auf die Magellanterrassen genießen, weiter über den Sandtorhafen schauen und dahinter den Fortschritt der Arbeiten an der Elbphilharmonie, Hamburgs neuem Wahrzeichen, beobachten.
Großer Grasbrook 10; Tel 36 09 28 50; Bus 3 Am Dalmannkai; Mo–Fr ab 9, Sa/So ab 10 Uhr

Elbwarte → S. 118, B 5

Zugegeben, das Publikum in der Elbwarte ist nicht das trendigste. Aber die Aussicht vom obersten Stockwerk dieses erstklassig gelegenen Seniorenwohnheims lohnt sich wirklich: Seit kurzem ist das Café an vier Tagen in der Woche auch öffentlich zugänglich.
Neumühlen 37; Tel. 39 19 44 00; www.augustinum-hamburg.de; Fähre 61/62, Bus 112 Neumühlen; Di, Do, Sa, So 15–18 Uhr

Fleetschlösschen → S. 89, C 2

Kleines Lokal am Rande der Speicherstadt. Im Sommer sitzt man sehr schön unter den Bäumen am Fleet, bei schlechtem Wetter und im Winter ist es in dem Backsteinhäuschen selbst urgemütlich.
Brooktorkai 17; Tel. 30 39 32 10; www.fleetschloesschen.de; Sommer Mo–Fr 8–22, Sa/So 10–22, Winter Mo–Fr 8–20, Sa/So 11–18 Uhr

Kaffeeklappe im Speicherstadtmuseum → S. 89, C 1

Entspannen, wo andere einst geschuftet haben: Die Werkzeuge im Café zeugen noch von der schweißtreibenden Arbeit der Quartiersleute. Als Kaffeeklappen wurden einst ihre Kantinen bezeichnet, zwischen Kaffeesäcken und Teekisten kann man

Kleinod im Hafen: Architekten und Bauarbeiter, Kreative und Touristen zieht es ins Fleetschlösschen. Die Speisekarte bietet Pasta, Wraps und Waffeln zu fairen Preisen.

sich hier heute auch einfach vom Sightseeing erholen.
St. Annenufer 2; Tel. 32 11 91; Bus 3 Bei St. Annen; Di–So 10–17 Uhr

Knusperhäuschen ⇢ S. 119, E 5
Hier gibt es Ofenkartoffeln und natürlich auch Fischbrötchen. Aber wer hat schon Appetit auf so etwas Deftiges, wenn einem dabei der Duft von frischen Crêpes in die Nase steigt?
Große Elbstr. 12; Tel. 68 87 32 32; Bus 112 oder Fähre 61/62 Fischmarkt; Mo–Fr 12–22 Uhr, Sa/So je nach Wetter

Lørdag's ⇢ S. 119, D 5
Sicher, die skandinavische Küche zählt nicht zu den bekanntesten in Europa. Doch dieses Schattendasein fristet sie zu Unrecht – wie der Besuch bei Lørdag's beweist: Köstlich sind Lachs, Thunfisch, Steinbeißer oder Garnelen. Auch das dänische Bier dazu ist ein Muss.
Große Elbstr. 148; Tel. 3 89 34 51; www.lordags.de; Fähre 61/62 Dockland; Mo–Fr 11.30–17, Sa 11.30–18 Uhr

Rado ⇢ S. 119, E 5
Frische Pizza, Tramezzini und Panini. Hier werden italienische Snacks geboten – und dazu ein schöner Blick auf die alte Fischauktionshalle.
Große Elbstr. 38; Tel. 60 53 79 90; www.cafe-rado.de; Bus 112 oder Fähre 61/62 Fischmarkt; Mo–Sa 8–open end, So 7–17 Uhr

Soup-City ⇢ S. 89, c 1
Früher wurden hier Hafenarbeiter und Spaziergänger auf Schmuggelware untersucht. Heute serviert man am Rande des alten Zollzauns täglich acht bis zehn verschiedene Suppen und Eintöpfe. Erbsen-Kartoffel-Cremesuppe, schwedische Lachsrahmsuppe oder rustikaler Bauerntopf – bei dieser Auswahl würde auch der Suppenkasper zuschlagen.
Am Zoll 1; Tel. 87 87 66 95; www.soupcity.de; Bus 3 Bei St. Annen; Mo–Fr 8–16 Uhr

Die Sushi-Factory betreibt in Hamburg mehrere Filialen. Blick in das Lokal an der Großen Elbstraße nahe dem Fischmarkt.

Sushi-Factory ⇢ S. 119, D 5
Die Sushi-Factory beliefert Lokale in Bremen, Hamburg und Oldenburg. Hier, beim Fabrikverkauf am Fischereihafen, kommen die kleinen Häppchen frisch gerollt auf den Tisch.
Große Elbstr. 212; Tel. 5 55 65 60; www.sushi-factory.com; Fähre 61/62 Dockland; Mo–Sa 12–21.45, So und Feiertag 17–21.45 Uhr

Transmontana ⇢ S. 120, B 9
Besonders zur Frühstückszeit sei ein Besuch empfohlen: Die portugiesischen Croissants sind nicht so fettig wie ihre französischen Verwandten, dafür werden sie mit Rucola, Schinken, Käse oder Paprikasalami belegt.
Ramabachstr. 20; S-/U-Bahn Landungsbrücken; tgl. 9–22 Uhr

Yin Yang ⇢ S. 89, a/b 1
Schöner Ort, um bei Kaffee und Kuchen die Speicherstadt zu bewundern – vor allem wenn im Sommer die Terrasse geöffnet ist.
Kehrwieder 9a; Tel. 36 09 99 50; U 3 Baumwall; tgl. 12–18 Uhr

Einkaufen

Der Fischmarkt hat Konkurrenz bekommen: Entlang der Elbe ist viel Ausgefallenes geboten.

Im restaurierten Gebäude einer Mälzerei aus dem Jahr 1907 präsentiert das Lifestyle-Kaufhaus Stilwerk (→ S. 37) auf sieben Etagen Designobjekte, Möbel, Accessoires und vieles andere mehr. Auch kulturelle Events gehören zum Konzept.

Eines vorweg: Wer sich günstig neu einkleiden möchte, ausgefallene CDs und Schallplatten sucht oder eine große Shoppingmall mit schönen Schnäppchen, sollte einen großen Bogen um das Hafengebiet machen. Die Anzahl der Läden ist (noch) übersichtlich, das Angebot recht speziell. Aber gerade deswegen lohnt sich der Einkaufsbummel durch die Quartiere an der Elbe: Teppiche aus Afghanistan, China, Indien und dem Iran gibt's in der Speicherstadt, Fisch, Kaviar und Wein am Altonaer Fischereihafen. Dort hat sich – auf halbem Weg zum Altonaer Fischmarkt – auch ein neues Shopping-Konzept etabliert: Das sogenannte »Stilwerk« ist in einer restaurierten Malzfabrik untergekommen. Hinter den dicken Backsteinmauern werden von 32 meist exklusiven Geschäften vor allem Accessoires, Designobjekte, Fotokunst, Grafiken, Möbel, Schmuck und Teppiche verkauft. Neben dem inzwischen ebenso erfolgreichen wie renommierten Lifestyle-Kaufhaus bieten jetzt weitere Boutiquen, Galerien und Weinhändler ihre Waren an.

Antiquitäten, Kunstgegenstände, maritime Ausrüstung und Souvenirs kauft man dagegen am besten an den Landungsbrücken. Immer wieder neue Läden sind in der schnell wachsenden HafenCity zu entdecken. Bis 2011 soll das Überseequartier fertiggestellt werden, durch das sogenannte Herz des neuen Stadtteils zieht sich dann auch ein breiter Shopping-Boulevard.

Die wohl bekannteste Einkaufsmöglichkeit am Hamburger Hafen ist aber immer noch der Fischmarkt am Sonntagmorgen: Ob frische Pfefferminze vom türkischen Händler, Zierfische oder österreichischer Bergkäse vom Holländer oder Aal beim Aal-Kai, einem echten Hamburger Original – das Angebot ist ebenso vielfältig wie unüberschaubar: Manch einer soll schon mit einem neuen Staubsauger vom Fischmarkt zurückgekehrt sein.

Antiquitäten und Auktionen

Antik und Kunst ⇢ S. 119, D 5

Der kleine Laden im Erdgeschoss verkauft hauptsächlich Uhren aus dem 18., 19. und 20. Jh. Außerdem gibt's hier Hüte, Schmuck, Tafelgeschirr und Wein.

Große Elbstr. 36; Tel. 0 17 93 99 84 27; Fähre 61/62 oder Bus 112 Fischmarkt; Do–Sa 11–19 Uhr

Lauritz.com Hamburg ⇢ S. 118, C 5

Zum Ersten, zum Zweiten, zum Dritten – das war einmal. Schon im Jahr 2000 hat das dänische Auktionshaus Lauritz die traditionelle Auktion abgeschafft und der Einfachheit halber ins Internet verlegt. Aber zu einer billigen Ebay-Kopie wollten die pragmatisch-praktischen Skandinavier auch nicht verkommen: Wie eh und je werden die zur Versteigerung angebotenen Waren auf ihren Wert hin geschätzt, man erstellt Expertisen und überprüft die Echtheit von Gemälden, Möbeln und Schmuckstücken. Der Showroom ist in einer alten Lagerhalle an der Elbe untergebracht, hier kann man sich beraten lassen und die Stücke vor dem Bieten begutachten. Gerade bei den Angeboten ohne Mindestpreis lässt sich das ein oder andere Schnäppchen machen.

Große Elbstr. 268; Tel. 1 88 82 90; www.lauritz.com; Fähre 61/62 Dockland, Bus 112 Elbberg; Mo–Fr 11–18, Sa 11–16 Uhr

Matthias Koglin-Antiquitäten ⇢ S. 118, C 5

Am westlichen Ende des Fischereihafens hat sich dieses Geschäft auf Möbel des 18. und 19. Jh. spezialisiert. Der Antiquar ist ein Kenner des Biedermeier und verkauft in mehreren Räumen Kommoden, Schränke und Sekretäre, aber auch Sofas, Tische und Vitrinen.

Große Elbstr. 262; Tel. 38 47 81; www.koglin-antiquitaeten.de; Fähre 61/62 Dockland; Di–Sa 13.30–18 Uhr

MERIAN-Tipp

2 FrischeParadies Goedeken

Begehbare Kühlräume, 600 qm Verkaufsfläche: Das FrischeParadies Goedeken ist ein echter Tempel des guten Geschmacks. Was immer Gourmetköche benötigen mögen – hier werden sie fündig: Jedenfalls, wenn sie kretischen Oregano aus Wildsammlung suchen oder schwarze Bio-Beluga-Linsen. Oder kanadischen Ahornzucker, Meersalz aus Hawaii, frische Stubenküken und Wachteleier aus Frankreich, frische Sommertrüffel aus Alba ... Wer seinen Gaumen schon mal auf die kommenden Genüsse vorbereiten möchte, setzt sich am besten erstmal an die Bar – und bestellt dort ein Glas Champagner.

Große Elbstr. 210; Tel. 38 90 80; www.frischeparadies.de; Fähre 61/62 oder Bus 112 Fischmarkt; Mo–Fr 8–19, Sa 8–16 Uhr ····› S. 119, D 5

Möbelkontor Hahn ····› S. 89, d 1

Jetzt hat die Globalisierung auch das Wohnzimmer erreicht: Das Sortiment dieses Möbelkontors reicht von afghanischen Beistelltischen über chinesische Kommoden bis zu indischen Regalen. Die meisten Stücke sind von Hand gefertigt, Neuware wird vor Ort zu fairen Preisen eingekauft.

Brooktorkai 10; Tel. 30 38 23 05; www.moebelkontorhahn.de; U 1 Steinstraße; in der Regel Mo–Fr 11–19 Uhr

Bücher

Buchhandlung im Haus der Photographie ····› S. 121, D/E 5

Sehr gut sortierte Buchhandlung zu den Themenbereichen Fotografie und Kunst. In erster Linie werden neue Bücher verkauft, es gibt an der Kasse aber auch eine Auslage mit antiquarischen Raritäten. Allein in den opulenten Bildbänden lässt es sich stundenlang blättern.

Deichtorstr. 2; Tel. 32 52 87 04; www.deichtorhallen.de; U 1 Steinstraße; Di–So 11–18 Uhr

Delikatessen

Zwar sind es von Hamburg bis zur Nordseeküste elbabwärts noch knapp 60 Seemeilen (110 km), trotzdem gibt es in der Hansestadt täglich frischen Fisch. Den kann man sich auch mit nach Hause nehmen: Die meisten Händler bieten spezielle Verpackungen an, so lassen sich Hummer, Matjes und Thunfisch dank Kühlakku und Styropor ein bis zwei Tage frisch halten.

Atlantik Fisch ····› S. 119, D 5

Vor allem durch sein breites Angebot zeichnet sich dieser Fischhändler aus: Austern aus Nordirland gibt es hier genauso wie Bio-Lachs aus Norwegen, Hummer aus Kanada und Tintenfisch aus Spanien. Im angeschlossenen Bistro verkostet man die maritimen Delikatessen gleich an Ort und Stelle.

Große Elbstr. 139; Tel. 39 11 23; www.atlantik-fisch.de; Fähre 61/62 oder Bus 112 Fischmarkt; Mo–Fr 6–16, Sa 7–14 Uhr

Dieckmann & Hansen Caviar ····› S. 119, D 5

Der Kaviarimporteur gehört zu den alteingesessenen Traditionshäusern: Seit 1869 handelt Dieckmann & Hansen mit dem sogenannten Schwarzen Gold, man hat beste Kontakte nach Russland und in die Ukraine, entsprechend ist die Qualität der Fischeier exzellent – ganz gleich, ob es sich um Beluga aus Wildfang, Lachsrogen oder Zuchtkaviar handelt. Die Preise sind tagesaktuellen Schwankungen unterworfen, sie können telefonisch erfragt werden.

Große Elbstr. 210; Tel. 38 61 50 23; www.kaviar-kontor.de; Fähre 61/62 oder Bus 112 Fischmarkt; Mo–Fr 8–16 Uhr

Hummer Pedersen → S. 119, D 5
Ob lebendig oder (auf Vorbestellung) schon gekocht – bei diesem Groß- und Einzelhändler gibt's fast alle Arten von Krustentieren, neben Hummern beispielsweise auch Flusskrebse, Königskrabben und Langusten. Außerdem verkauft Hummer Pedersen auch Austern und Jakobsmuscheln, Drachenköpfe und Papageienfische. Im angeschlossenen Bistro werden die Delikatessen frisch zubereitet: Wer noch nicht weiß, wie man einen Hummer knackt, kann es sich hier zeigen lassen.
Große Elbstr. 152; Tel. 52 29 93 90; www.hummer-pedersen.de; Fähre 61/62 oder Bus 112 Fischmarkt; Mo–Fr 6–16, Sa 6–12, Bistro Mo–Sa 11–17 Uhr

Meeres-Kost → S. 119, D 5
Hier geht es etwas gediegener zu: Wer norddeutsche Spezialitäten liebt wie Nordseekrabben und Rollmops, Matjesheringe und Seelachsfilet, Salzheringe und Roten Heringssalat, ist in dem kleinen Ladenlokal der Henstedter Firma gut aufgehoben. Am Imbiss gibt es köstlichen Backfisch und belegte Fischbrötchen zu kaufen.
Große Elbstr. 135; Tel. 3 80 56 21; www.meeres-kost.de; Fähre 61/62 oder Bus 112 Fischmarkt; Mo–Fr 10–18, Sa 10–16, So 12–14 Uhr, bei schönem Wetter auch länger

Wilhelm Goedeken → S. 118, C 5
Seit 1926 werden im Familienunternehmen Heringe und Krabben, Flusskrebse und Lachs mariniert, geräuchert oder zu Salaten verarbeitet. Frischen Fisch und den passenden Wein bekommt man hier ebenfalls.
Große Elbstr. 141 b; Tel. 38 97 01; www.wilhelm-goedeken.de; Fähre 61/62 oder Bus 112 Fischmarkt; Mo–Do 6–15, Fr 6–12.30 Uhr

Galerien

Galerie Deichstraße → S. 120, A 9
Die Zweigstelle der Galerie Deichstraße am Johannisbollwerk ist nur nach telefonischer Voranmeldung geöffnet. Gezeigt wird eine Auswahl von Aquarellen, Radierungen und maritimen Ölgemälden. Die Rahmen stellt man in einer eigenen Werkstatt her.

Ein Glas Champagner gehört immer dazu: Im FrischeParadies Goedeken (→ MERIAN-Tipp, S. 34) verwöhnt Chefkoch Kay Lederer die Gäste mit kreativen Speisen.

Sowohl Frühaufsteher als auch Nachtschwärmer von der nahe gelegenen Reeperbahn treffen sich sonntagmorgens auf dem Fischmarkt vor der Fischauktionshalle.

Ausstellungsfiliale Johannisbollwerk 19; Tel. 31 17 18 00; www.galerie-deichstrasse.com; S-Bahn, U 3, Fähre 61/62 Landungsbrücken; Besichtigung nach Absprache

Wasserzeichen ⇢ S. 118, C 5

Die junge Galerie hat sich spezialisiert – auf Kunst mit einem Bezug zum Wasser. Regelmäßig finden Sonderausstellungen statt, ein Schwerpunkt liegt dabei auf der Fotografie.

Große Elbstr. 143a; Tel. 65 79 52 89; www.wasserzeichen-galerie.de; Fähre 61/62 Dockland oder Bus 112 Elbberg; Mo–Fr 10–18.30, Sa/So 12–18.30 Uhr, im Sommer auch länger

Geschenke und Einrichtung

Habitat ⇢ S. 118, C 5

Die 1964 in London gegründete Möbelhauskette bietet vor allem schlichtes skandinavisches Design, der einzige deutsche Outlet-Store des Unternehmens befindet sich am ehemaligen Fischereihafen: Auslaufmodelle und Ausstellungsstücke sind hier besonders günstig zu haben.

Große Elbstr. 264; Tel. 35 76 58 60; www.habitat.de; Fähre 61/62 Dockland oder Bus 112 Elbberg; Mo–Fr 11–19, Sa 11–18 Uhr

Modum ⇢ S. 119, E 5

Für die Herstellung der Modum-Möbel wird nur Massivholz aus ökologischem Anbau verwendet. Schlichtes Design und eine edle Einfachheit der Formen sind hier zwar nicht billig. Die stolzen Preise lassen sich aber durch die überzeugende Qualität der Stücke durchaus rechtfertigen.

Große Elbstr. 40; Tel. 33 39 67 21; www.modum.biz; Fähre 61/62 oder Bus 112 Fischmarkt; Mo–Fr 11–19, Sa 11–18 Uhr

Stil & Gut ⇢ S. 119, E 5

Wer auf Wohnaccessoires im Landhausstil steht, kann hier seine Einrichtung vervollständigen, das Sortiment reicht von Emailschildern über Gipsbüsten bis hin zu Rattanmöbeln. An den Kunststoff-Chilis erfreuen sich dagegen eher die Kitsch-Fans.

Große Elbstr. 56–60; Tel. 60 59 59 79; Fähre 61/62 oder Bus 112 Fischmarkt; Di–Sa 11–18 Uhr, im Sommer auch So 12–18 Uhr

Stilwerk → S. 119, E 5

Diese Hamburger Institution ist inzwischen weit über die Hansestadt hinaus bekannt geworden. Anfang der 90er-Jahre kauften drei Investoren eine ehemalige backsteinerne Malzfabrik am Elbufer auf. Sie sanierten das Gebäude und schufen hier mit dem Stilwerk eines der ersten deutschen Lifestyle-Kaufhäuser. 32 Läden haben sich bis heute in der alten Mälzerei eingemietet, sie verkaufen Accessoires, Designobjekte, Fotokunst, Grafiken, Schmuckstücke, Möbel und Teppiche. Viele Waren sind ebenso exklusiv wie teuer, Besucher sollten sich dadurch aber nicht abschrecken lassen: Schon der Schaufensterbummel durch diese kleine Welt des guten Geschmacks macht viel Spaß. Mittlerweile sind Filialen in Berlin, Düsseldorf und Stuttgart eröffnet worden. So schön wie das Mutterhaus ist allerdings keine der Zweigstellen gelegen.

Große Elbstr. 68; Tel. 30 62 11 00; www.stilwerk.de; Fähre 61/62 oder Bus 112 Fischmarkt; Mo–Fr 10–19, Sa 10–18 Uhr, Schaufensterbummel bis 21 Uhr möglich

Märkte

St.-Pauli-Fischmarkt → S. 119, E 5

Ein Muss für fast jeden Besucher von Hansestadt und Hafen: Hamburgs bekanntester und traditionsreichster 1 Markt öffnet schon um fünf Uhr – und das am Sonntagmorgen. Wer nicht so früh aufstehen will, feiert halt vorher die Nacht durch, von der Reeperbahn sind es nur noch ein paar Minuten bis zu den Buden am Elbufer. Gegen den Kater nehmen die meisten Nachtschwärmer am liebsten Fischbrötchen zu sich, auch vitaminreiches Obst gibt es körbeweise zu kaufen, und ein Kaffee in der Fischauktionshalle kann wahre Wunder wirken. Hier wird übrigens schon frühmorgens live gejazzt, gerockt und getanzt. Seit 1703 bieten die Marktschreier an der Waterkant so ziemlich alles feil, was nicht niet- und nagelfest ist: Neben Fisch gibt's Kaninchen und Nishikikoi, Handyschalen und Nietengürtel, Staubsauger und Piratenflaggen, Backfisch und Bananen. Wer nicht auf den Mund gefallen ist, darf hier auch feilschen. Doch Vorsicht: Die deftigen Verkaufssprüche der Händler genießen in Hamburg schon längst Kultstatus.

St.-Pauli-Fischmarkt; Fähre 61/62 oder Bus 112 Fischmarkt; So 5–9.30, im Winter ab 7 Uhr

Mode

Hanseatic Classic → S. 120, B 9

Wer im Hamburger Hafen in See stechen will, sollte sich zuvor noch stilgerecht einkleiden: Sowohl Berufsseebären als auch Hobbysegler kaufen hier, zum Beispiel Matrosenhemden, Elbsegler oder moderne Hightech-Kleidung.

Johannisbollwerk 6–8; U 3 Baumwall; Tel. 3 19 33 63; Mo–Fr 10–19, Sa 10–16 Uhr

Hanz Schaaf → S. 119, D 5

Die vom Firmengründer entworfenen Damen- und Herrenkollektionen werden eigens in Mailand hergestellt, zusätzlich verkauft das Geschäft auch Schuhe und Accessoires.

Große Elbstr. 38; Tel. 31 79 32 79; Fähre 61/62 oder Bus 112 Fischmarkt; Mo–Fr 11–19, Sa 11–16 Uhr

Montana → S. 120, B 9

Dieses Geschäft verkauft junge Mode zu günstigen Preisen, es ist vor allem für seine große Auswahl an Jeansbekleidung bekannt – und liegt bei vielen Spaziergängen durch den Hafen so gut wie auf dem Weg.

Vorsetzen 50; Tel. 37 47 11 00; U 3 Baumwall; Mo–Fr 10–18, Sa 10–16 Uhr

Werkhaus → S. 119, D 5
Ein El Dorado für Fans von skandinavischer Mode, hier sind die Top-Designer aus Europas hohem Norden vertreten – zum Beispiel Acne, Ann Hagen oder J. Lindeberg.
Große Elbstr. 146; Tel. 38 61 61 22; www.werkhaus-fashion.de; Fähre 61/62 oder Bus 112 Fischmarkt; Mo–Sa 12–20 Uhr

Souvenirs und Schifffahrtsshops

Australia → S. 120, B 9
Ein Buddelschiff ist einfallslos? Und marineblau mag der Sohnemann nicht? Wie wäre es dann mit einem Bumerang, einem australischen Wein oder einem Warnschild: »Koalas next 4 km«? Als Tor zur Welt hat Hamburg auch beste Beziehungen zum fünften Kontinent – was nicht zuletzt das Sortiment dieses Ladens beweist.
Vorsetzen 54; Tel. 33 44 22 32; www.australiashop.com; U3 Baumwall; Mo–Fr 11–19, Sa 11–16 Uhr

Brücken Basar → S. 120, A 9
Vom alten Buddelschiff bis zur ausgemusterten Marineuniform – was in diesem klassischen Souvenirshop verkauft wird, braucht eigentlich kein Mensch. Aber wer will schon mit leeren Händen heimkehren, wenn er vorher den Hamburger Hafen besucht hat? Und genau genommen macht sich so eine Schiffsglocke doch auch im Wohnzimmer ganz gut ...
Bei den St.-Pauli-Landungsbrücken 6; Tel. 3 19 32 83; S-Bahn, U3, Fähre 61/62 Landungsbrücken; Sommer tgl. 9–19, Winter 10–17 Uhr

Geschenkeladen Brücke 4 → S. 120, A 9
Kein Hamburg-Klischee, das sich hier nicht auch kaufen ließe – zum Beispiel in Form von Gummistiefeln, Kapitänsmützen, Wimpel, Modellschiffen, Schiffsglocken oder St.-Pauli-Trikots.
Bei den St.-Pauli-Landungsbrücken 4; Tel. 31 63 73; S-Bahn, U3, Fähre 61/62 Landungsbrücken; tgl. 10–19 Uhr

Seemannsshop → S. 120, A 9
Schiffsglocken werden hier nicht nur verkauft – sondern auf Wunsch gleich graviert. Wer noch kein eigenes Boot hat, kann den Namen seiner Frau oder Freundin in das polierte Metall einritzen lassen. Und natürlich bietet auch dieser Laden nebenbei noch allerlei Nippes an ...
Bei den St.-Pauli-Landungsbrücken 10; Tel. 32 31 84 45; S-Bahn, U3, Fähre 61/62 Landungsbrücken; ca. 10–17 Uhr, im Sommer manchmal länger

Weimeister → S. 120, A 9
Dieses Geschäft für Seefahrtszubehör muss man einfach einmal von innen gesehen haben: Hier liegen Hobel und Fuchsschwänze aus, an der Decke hängen Petroleumlampen, und in dunkel gebeizten Schubladen lagern englische Messingbeschläge. Wie wär's mit einer echten Schiffsleuchte als Gartenlicht? Bei der nächsten Grillfeier ist so jedenfalls schon mal für viel Gesprächsstoff gesorgt ...
Johannisbollwerk 19; Tel. 31 24 14; www.weimeister.com; S-Bahn, U3, Fähre 61/62 Landungsbrücken; Mo–Fr 9–18.30, Sa 10–14 Uhr

Teppiche

Die Speicherstadt ist das größte Teppichlager der Welt: Stücke im Wert von 500 Millionen € lagern hier, hinter den historischen Fassaden gehen rund 280 Händler ihren Geschäften nach. Sie nutzen dafür die Hälfte aller Böden in den alten Backsteingebäuden, vor allem am Brooktorkai liegt ein Laden neben dem anderen. Die meisten Teppiche stammen aus Afghanistan, China, Indien, Iran und Pakistan. Wer sich mit der orientalischen Ware auskennt, kann so manches Schnäppchen machen. Potentielle Käufer müssen übrigens nicht mit Bündeln voller Geldscheine durch die Speicherstadt laufen. Die meisten Händler liefern gegen Rechnung, sie kümmern sich auch gerne um den Transport der Teppiche.

Wein

Lutter & Wegner ⇢ S. 119, E 5
Aus Preußen kann nichts Gutes kommen! Das wissen die Hamburger spätestens seit 1888: Damals gliederte Bismarck die Hansestadt in das deutsche Zollgebiet ein, außerhalb des Hafens mussten die Hamburger ihre Kolonialwaren fortan verzollen. Jetzt kommt aber doch noch Gutes aus dem Land östlich der Elbe, genauer gesagt aus der Hauptstadt. Lutter & Wegner, ein Traditionshaus vom Berliner Gendarmenmarkt, versorgte schon den preußischen Kronprinzen mit Weinen aus aller Welt. Der Hamburger Filiale ist ein Bistro angeschlossen, hier kann man die Weine vor dem Kauf auch verkosten.
Große Elbstr. 49; Tel. 8 09 00 90 00; Fähre 61/62 oder Bus 112 Fischmarkt; tgl. 11–23 Uhr

Weinhaus Stratmann ⇢ S. 119, D 5
Als Weinanbaugebiet taugen die Elbhänge der Hansestadt noch nicht: zu schmuddelig ist das Wetter, zu karg der Boden. Also beschränken sich die Hamburger auch in Sachen Wein besser auf den Handel, damit kennen sie sich schließlich aus. Stratmann kauft seine Ware direkt beim Winzer ein, über 1000 Weine aus aller Welt hat er im Angebot.
Große Elbstr. 135; Tel. 38 46 64; www.weinhaus-stratmann.de; Fähre 61/62 Dockland; Mo–Fr 10–19, Sa 10–15 Uhr

Weinland Waterfront ⇢ S. 119, D 5
Auf seine guten Kontakte zu erstklassigen europäischen Winzern ist das Weinland Waterfront besonders stolz. Die Geschäftsräume wurden übrigens im Gebäude einer alten Werft untergebracht, fast 100 Jahre lang baute man hier Rettungsboote für Fracht- und Passagierschiffe.
Große Elbstr. 146; Tel. 2 79 40 79; www.weinland-waterfront.de; Fähre 61/62 oder Bus 112 Fischmarkt; Di–Fr 10–18.30, Sa 12–16 Uhr

Gut 280 Teppichhändler haben die Speicherstadt zur Teppichstadt gemacht. Boden- und Wandteppiche im Wert von 500 Millionen Euro lagern in den Backsteingebäuden.

Am Abend

Die Szenegänger haben den Hafen entdeckt, von der Reeperbahn kommen sie gerne ans Wasser.

Schal statt Schlips: In der Alpha Noble Ice Bar (→ MERIAN-Tipp, S. 41), Deutschlands erster und bislang einziger Eisbar, kann man bei minus fünf Grad coole Wodka-Drinks genießen.

Ebbe, Flaute, tote Hose – noch vor wenigen Jahren war der Hafen am Abend wie ausgestorben. Gearbeitet wurde an der Elbe, gefeiert nach Geschäftsschluss an der Reeperbahn, Kultur gab's in der Innenstadt. Erst seit den 1990er-Jahren wird auch der Hafen immer mehr zum Ausgehviertel: Südlich der Elbe regiert der »König der Löwen« im weithin sichtbaren Musicalzelt, Reedereien lassen Partyschiffe auf dem Fluss auf und ab fahren, in der Speicherstadt wird in den Sommermonaten der »Jedermann« aufgeführt. Westlich der Landungsbrücken laden Beachclubs dazu ein, die Füße in den weißen Sand zu stecken und dabei ein kühles Bier oder einen exotischen Karibik-Cocktail zu genießen. Deutlich alternativer geht es in der St.-Pauli-Hafenstraße zu, hier ist vor allem der Golden Pudel Club legendär. Und auch am Fischmarkt wird bis in die frühen Morgenstunden gefeiert. Wem das noch nicht genug ist: Mit der Reeperbahn liegt Deutschlands berühmteste Partymeile direkt um die Ecke.

Bars

Au Quai
→ S. 118, C 5

Direkt neben dem gleichnamigen Restaurant (→ S. 22) betreibt das Au Quai auch eine schicke Bar. Sonderpreise gibt es von 18 bis 20 Uhr für einen Cocktail und drei Fingerfood-Gerichte.

Große Elbstr. 145 b–d; Tel. 38 03 77 30; Fähre 61/62 bis Dockland, Bus 112 Elbberg; Di–Sa ab 17 Uhr

Bar SáVanh
→ S. 118, B 5

Die zum Restaurant IndoChine (→ S. 24) gehörende Bar begrüßt ihre Besucher mit riesigen Buddha-Statuen. Bei schönem Wetter lässt sich der Blick auf die Elbe am besten von der Sonnenterrasse aus genießen, Liegestühle stehen bereit. Freitags und samstags wird ab 22 Uhr Musik aufgelegt.

Neumühlen 11; Tel. 39 80 78 80; www.indochine.de; Bus 112 Neumühlener Kirchenweg; Sommer tgl. ab 12, Winter tgl. ab 17 Uhr

> **MERIAN-Tipp**
>
> **3 Alpha Noble Ice Bar**
>
> Willkommen in Deutschlands (nach eigenen Angaben) erster und einziger Eisbar! Am Eingang dürfen sich die Gäste in eine Daunenjacke kuscheln, dann treten sie durch eine Kälteschleuse in eine Eiswelt ein: Bar, Stehtische, Skulpturen, Säulen, Wände – nichts als gefrorenes Wasser. Bei -5°C werden frostige Wodka-Drinks in eisigen Gläsern serviert. 300 riesige Eisblöcke ließen die Betreiber der Bar nach Hamburg transportieren. Gesamtgewicht: 42 Tonnen – so viel wie ein voll getanktes Kurzstreckenflugzeug.
>
> Neumühlen 11; Tel. 39 80 78 80; www.indochine.de/icebar; Bus 112 Neumühlener Kirchenweg; 17–0 Uhr; Eintritt 14 € (inkl. Wärmeschutzkleidung und einem Wodka)
>
> → S. 118, B 5

Chilli Club Bar
→ S. 89, C 2

In der Bar des Restaurants Chilli Club (→ S. 26) kann man nach dem Essen bei Kir Royal, Gin Fizz oder Singapore Sling zu chilliger Lounge-Musik entspannen.

Am Sandtorkai 54; Tel. 35 70 35 80; www.chilliclub.de; Bus 3 Auf dem Sande; tgl. ab 12 Uhr

Elbperle
→ S. 119, E 5

Süffige Cocktails, köstlicher Kaffee, schmackhafte Tapas – ein Abstecher zur Elbperle lohnt sich in jedem Fall. Wer beim Kellner das »Cortado Special« bestellt, bekommt zwei Cortados (spanische Variante vom Espresso Macchiato) und zwei Natas (Blätterteig-Vanillecreme-Törtchen) zum Vorzugspreis von 5 €.

MERIAN-Tipp

4 Das Feuerschiff

Die Bar des alten englischen Feuerschiffs bietet Cocktails und Drinks, im Bordkino laufen dazu maritime Klassiker wie »Das Boot«, »Titanic« oder »Pamir«. Sonntags und montags wird Livemusik gespielt, einmal im Monat gibt es auch polit-satirisches Kabarett.

City Sporthafen, Vorsetzen; Tel. 36 25 53; www.das-feuerschiff.de; U 3 Baumwall; Mo–Sa 11–1, So 9–22.30 Uhr S. 120, B 9

Große Elbstr. 6–8; Tel. 33 39 89 81; www.elb-perle.de; Fähre 61/62 oder Bus 112 Fischmarkt; Mo–Do 9–22, Fr 9–23, Sa 10–23, So 6–21 Uhr

Havanna Cocktail Bar S. 119, E 5
Die Cocktail-Bar am Fischmarkt ist ein echter Klassiker. Die Drinks sind gut gemischt, das Angebot ist sehr groß. Selbst wenn es draußen so richtig regnet, kommt drinnen noch Karibik-Feeling auf.
St.-Pauli-Fischmarkt 4–6; Tel. 31 36 36; Fähre 61/62 oder Bus 112 Fischmarkt; tgl. ab 20 Uhr

Orkan Bar S. 119, E 5
In der Galerie der Bar hängt ein Gemälde. Es zeigt die aufgepeitschte See während eines Orkans, und schnell wird klar: In der Orkan Bar kann der Besucher stürmische Zeiten erleben. Besonders gut ist es freitags, wenn Funk Music live die Stimmung aufpeitscht.
St.-Pauli-Fischmarkt 5; Tel. 3 19 22 93; Fähre 61/62 oder Bus 112 Fischmarkt; tgl. ab 20 Uhr

Tower Bar S. 120, A 9
Auch wenn die Tower Bar schon lange nicht mehr als Geheimtipp gelten kann – noch immer bietet sich vom 14. Stock des Hotels Hafen Hamburg aus der vielleicht beste Blick über die Elbe, die Speicherstadt, den Köhlbrand und den Containerterminal in Waltershof. Vor allem am Wochenende wird eine Tischreservierung empfohlen.
Seewartenstr. 9; Tel. 31 11 37 04 50; www.hotel-hafen-hamburg.de; S-/U-Bahn Landungsbrücken; tgl. 18–2 Uhr

Discos, Party und Tanz

Ballroom S. 119, E 5
Das Motto des Hauses steht schon am Eingang – und zwar in Frakturschrift: »The Rockin' Ass Kick from the waterkant«. Gespielt werden Gothic, Deathmetal und Hardrock, am Wochenende treten auch Livebands auf. Nichts für empfindliche Ohren! Wer die Nacht zum Sonntag durchzecht, kann hier am nächsten Morgen zu Metal-Musik frühstücken.
Große Elbstr. 14; Tel. 31 59 74; www.ballroom-hamburg.com; Fähre 61/62 oder Bus 112 Fischmarkt; Do–Di ab 20 oder 21 Uhr, je nach Programm

Bordparty S. 120, A 9
Ab 20 Uhr startet die große Elbrundfahrt an Bord der MS Hamburg oder der MS Hanseatic. Zum Buffet gibt es Cocktails, später darf dann auch getanzt werden. Besonders beliebt sind die Bordpartys bei Kegelclubs und Vereinen.
Bei den St.-Pauli-Landungsbrücken 9; Tel. 31 36 87; www.bordparty.de; S-/U-Bahn Landungsbrücken; Sa von Ostern bis Weihnachten Check in 19.30 Uhr, Ende 23 Uhr; 49 € inkl. Getränke

Butt-Club S. 119, F 5
In den ehemals besetzten Häusern der Hafenstraße ist der Butt-Club ein beliebter Treffpunkt für Schwule und Lesben, Grüne und Rote, Alternative und Anarchisten, Punks und Rocker. Neben Konzerten werden auch Filmvorführungen und Workshops geboten.
St.-Pauli-Hafenstr. 122; Bus 112 St.-Pauli-Hafenstraße

Frau Hedi S. 120, A 9
Eigentlich wollten die Macher der MS Hedi eine eigene Bar eröffnen. Da sie aber keine geeigneten Räumlichkeiten fanden, mieteten sie sich eine alte Hafenbarkasse und verlegten die Party kurzerhand aufs Wasser. Jetzt wird in den Sommermonaten zwischen Lichterketten, einem geblümten Lampenschirm und Discokugeln getanzt und gefeiert – meist donnerstags, freitags und samstags am Abend. Am Sonntagnachmittag gibt es dann Kaffee und Kuchen, währenddessen dreht die MS Hedi ihre Runden durch den Hafen. Jeweils zur vollen Stunde legt das Schiff wieder an, wer will, kann dann aus- oder zusteigen.
Bei den St.-Pauli-Landungsbrücken 10; Tel. 0 18 05/9 69 00 00; www.frauhedi.de; S-/U-Bahn Landungsbrücken; Do–Sa Abfahrt 19 Uhr, dann stündl.; Eintritt 6 €

Golden Pudel Club S. 119, E 5
Manche sagen, die kleine Kaschemme in der alten Fischerhütte unten am Hafen sei der beste Club Europas. Jedenfalls sind Betreiber Rocko Schamoni und sein Laden legendär – und weit über Hamburg hinaus bekannt. 1988 gründete Schamoni mit seinen Partnern Schorsch Kamerun und Kaiser Walter den »Pudel«, schon bald wurde der Club zum Geburtsort und Sammelbecken der Hamburger Schule: Blumfeld, Die Sterne, Cpt. Kirk und Tocotronic trafen sich hier, Helge Schneider hatte Auftritte, als ihn noch keiner kannte, auch Funny van Dannen. Tanzen kann man im Golden Pudel Club noch immer gut, oder wie es einer der Gründer einmal gesagt haben soll: »Ein ultramoderner Zeitgeistladen, der jeden noch so winzigen Trend aufspürt, um ihn dann zu zerstören. Alles ist erlaubt, sonst wird es von uns verboten.«
St.-Pauli-Fischmarkt 27; Tel. 31 97 99 30; www.pudel.com; S-/U-Bahn Landungsbrücken; tgl. ab 22 Uhr

Hafenbahnhof S. 118, C 5
Das kleine Backsteinhäuschen diente einst als Endbahnhof der Hafenbahn. Unterirdisch verband sie den Fischereihafen und den Altonaer Bahnhof, vor allem Fische wurden hier tonnenweise transportiert. Inzwi-

Erstklassige Cocktails aus frisch gepressten Früchten gibt es in der Tower Bar. Unbedingt reservieren, denn der spektakuläre Blick über den Hafen ist allseits beliebt.

schen ist die Hafenbahn längst Geschichte (obwohl sie immer mal wieder zu touristischen Zwecken reaktiviert werden soll), das Gebäude dient jetzt als Partylocation. Freitags wird Britpop, Elektropop, Punk, R&B oder Soul gespielt, das Programm wechselt wöchentlich, die Stimmung ist immer gleichbleibend gut. Und weil der Hafenbahnhof weit weg liegt von den Wohnhäusern Altonas, beschwert sich hier auch niemand, wenn die Musik auch noch am Morgen laut ist.

Große Elbstr. 276; Tel. 01 72/3 90 92 10; www.hafenbahnhof.com; Bus 112 Elbberg; Fr ab 21 Uhr

Hafenklang → S. 119, D 5

Erst Ende 2008 soll das legendäre Hafenklang wieder in sein angestammtes Backsteingebäude an der Elbstraße zurückkehren. Schon in den 70er-Jahren waren die Hafenklang-Studios entstanden: Die »Einstürzenden Neubauten« nahmen hier ihre ersten Alben auf, für »Inbase« spielte auch Kuddel von Holst, der Gitarrist der »Toten Hosen«. Seit ein paar Jahren zählt das Hafenklang zu den Zentren der Hamburger Elektro-Szene. Bei Tobi Tobsens »Moonbootica« tanzen bis zu 3000 Menschen, aber auch für Punk-Bands ist der Laden noch immer eine beliebte Bühne. Bis das alte Hafenklang wieder aufmacht, wird im Hafenklang-Exil gefeiert (Große Bergstr. 178, Nähe Bahnhof Altona).

Große Elbstr. 84; Tel. 38 87 44; www. hafenklang.org; Fähre 61/62 oder Bus 112 Fischmarkt; Mo–Fr ab 11, Sa ab 13 Uhr

Beachclubs

Da hatten die Berliner 2002 ja eine tolle Idee: Viel Sand und ein bisschen Wasser und glücklich sind die Großstädter, weil sie sich fühlen wie in der Karibik – und das keine 15 Minuten entfernt vom Arbeitsplatz. Einen Jahrhundertsommer später hatte jede

Von April bis in den September hinein hat die Strandperle am Museumshafen Oevelgönne geöffnet. Sie lädt zum gemütlichen Verweilen am Elbstrand ein.

MERIAN-Tipp

5 StrandPauli

Beliebt besonders bei Lebenskünstlern, Medienleuten und Studenten. Deshalb wird StrandPauli auch gerne als »Schanze« von der Elbe bezeichnet: Dort, im Schanzenviertel, ist dieses Publikum sonst bei Wind und Wetter anzutreffen. Am Dienstagabend trifft sich die Tangoszene der Stadt in diesem Beachclub, um unter freiem Himmel zu tanzen. Auch Anfänger und Zuschauer sind gerne gesehen.

St.-Pauli-Hafenstr. 89; Tel. 01 78/5 20 31 23; www.strandpauli.de; Bus 112 St.-Pauli-Hafenstraße; im Sommer tgl. ab 12 Uhr → S. 119, F 5

Stadt, die etwas auf sich hielt, ihren Strand. So sind auch an der Elbe die Territorien der Barbesitzer längst abgesteckt. Ab und zu müssen sie zwar umziehen, weil irgendein Großinvestor die Freifläche mit Elbblick bebauen will, aber irgendwo haben die Sandburgengigolos und die Stadtstrandschönheiten noch immer ein Plätzchen gefunden.

City Beach Club → S. 119, D 5

Der älteste Beachclub in der noch jungen Kunststrandgeschichte der Hansestadt. Hier gibt es zwar keine Fitness-Zone. Aber ganz ehrlich: Wer denkt bei einem Mojito in der Hand schon an Sport?

Van-der-Smissen-Str. 4; www.hamburgcitybeachclub.de; Fähre 61/62 Dockland; im Sommer tgl. ab 11.30 Uhr

Hamburg del mar → S. 119, D 5

Mehr als 30 LKW-Ladungen Sand aus der Nordsee vor Sylt wurden mit Hilfe von Spezialschiffen aus dem Meer gesaugt, für das Hamburg del Mar an die Elbe gebracht und um die Flächen vor den beiden Bars verteilt.

Van-der-Smissen-Str. 4/Ecke Edgar-Engelhardt-Kai; Tel. 43 18 00 72; www.hamburg-del-mar.de; Fähre 61/62 Dockland; im Sommer tgl. ab 12 Uhr

Lago Bay → S. 119, D 5

Hier wird auch geschwitzt, wenn die Sonne nicht scheint: Neben Beachvolleyballfeldern gibt es ein Outdoor-Fitnessstudio mit Yoga und Pilates. Zum Plantschen bietet sich ein Pool an.

Van-der-Smissen-Str. 4; Tel. 33 39 92 00; www.lago.cc; Fähre 61/62 Dockland; im Sommer tgl. 12–0 Uhr

Strandperle → S. 118, A 5

Die Grande Dame der Beachclubs hat sich nie so genannt – und war eigentlich schon immer da. Mit dem Buch »Ferien für immer« setzten ihr bereits die Popliteraten Christian Kracht und Eckhart Nickel ein Denkmal, bis heute hat sich die Strandperle ihren ehrlichen Charme bewahrt: Der Kiosk bietet Bier, Brause, Kaffee, Würstchen und Kartoffelsalat, man sitzt hier am Elbstrand, schaut den Gezeiten zu und blickt am Abend auf die Lichter des Containerterminals. Vereinzelt sind auch Schwimmer zu sehen. Wer sich im kühlen und immer saubereren Nass der Elbe erfrischen will, sollte aber auf die Strömung achten!

Schulberg; Tel. 8 80 11 12; Fähre 61/62 oder Bus 112 Neumühlen, von dort zu Fuß ca. 500 m die Elbe entlang; im Sommer tgl. 11–0 Uhr

Kneipen

Ahoi → S. 119, F 5

Der Häuserkampf um die Hafenstraße hielt die Republik in Atem: Jahrelang wehrten sich die Hausbesetzer der zuvor leer stehenden Gebäude gegen die drohende Räumung. Barrikaden brannten, die Staatsmacht reagierte mit Wasserwerfern, beide Parteien lieferten sich Straßenschlachten. Mittlerweile gehören die Häuser einer Genossenschaft. Von ihren Bewohnern – den einstigen Besetzern –

Mehr Platz für Liegestühle und ein Sonnendeck mit weißen Loungebetten: Der Umzug des Lago Bay (→ S. 45) an die Van-der-Smissen-Straße hat es möglich gemacht.

werden sie selbst verwaltet. Szenetreff in der Hafenstraße ist heute wie damals das Ahoi.

St.-Pauli-Hafenstr. 122; www.hafenstrasse.de; Bus 112 St.-Pauli-Hafenstraße; tgl. ab 10 Uhr

Eier Karl – Slattery's Irish Pub

→ S. 119, E 5

Typischer irischer Pub in traditionsreichen Gemäuern: Schon 1867 eröffnete Carl Cohrs, der Eier Karl, hier eine Gaststätte.

St.-Pauli-Fischmarkt 3; www.a-slatterys-irish-pub.de; Bus 383/Fähre 62 Fischauktionshalle; Mo–Fr 6–24, Sa 10–24 Uhr

Faint

→ S. 119, E 5

Partylocation für private Feiern: Wer seine Freunde einladen will, kann dafür das Faint anmieten.

St.-Pauli-Fischmarkt 17; Tel. 01 73/2 32 39 21; www.faint.de; Fähre 61/62 oder Bus 112 Fischmarkt

Haifisch-Bar

→ S. 119, D 5

Eine der letzten echten Hafenkneipen: Direkt neben dem Seemannsheim liegt die legendäre Haifischbar. Das Getränkeangebot ist ehrlich und klassisch, es gibt Jever, Astra und Asbach. Vielleicht etwas unbescheiden aber vollkommen zu Recht behauptet das Schild im Fenster: »Wer schon mal in Hamburg war, kam gern in die Haifischbar.«

Große Elbstr. 128; Tel. 3 80 93 42; Fähre 61/62 oder Bus 112 Fischmarkt; tgl. 11–3 Uhr

Onkel Otto

→ S. 119, F 5

Die Punk-Kneipe liegt oberhalb der Hafenstraße an der Balduintreppe. Das Publikum ist links-alternativ, auch nach der Renovierung versprüht das Onkel Otto den Charme der Hausbesetzerszene.

Bernhard-Nocht-Str. 22; Bus 112 St.-Pauli-Hafenstraße; tgl. ab 11 Uhr

Störtebeker

→ S. 119, F 5

Auch im Störtebeker trifft sich die alternative Szene Hamburgs gerne zu Livekonzerten. Der Eingang an der Balduintreppe ist nicht so leicht zu finden – notfalls einfach im Onkel Otto (s.o.) nachfragen.

Bernhard-Nocht-Str. 68; Tel. 31 54 40; Bus 112 St.-Pauli-Hafenstraße; tgl. ab 11 Uhr

Zum Schellfischposten → S. 119, D/E 5

Die Kneipe ist nach eigenen Angaben die älteste Seemannskneipe von Altona. An den Wänden hängen Fotos von Schauspielern, die die Klischees der Hafenstadt Hamburg in die Wohnzimmer der Republik getragen haben, unter ihnen Jan Fedder aus dem »Großstadtrevier« oder die jüngst verstorbene Evelyn Hamann aus »Adelheid und ihre Mörder«.

Carsten-Rheder-Str. 62; Tel. 38 34 22; Bus 112 Fischmarkt; tgl. ab 12 Uhr

Zum Verholer → S. 119, E 5

Wer auf rustikale Kneipen und Frühschoppen steht, kommt im Verholer auf seine Kosten: Wie in der Fischauktionshalle wird auch hier am Sonntagmorgen live Musik gespielt.

Fischmarkt 17; Tel. 31 20 67; Fähre 61/62 oder Bus 112 Fischmarkt; So ab 5 Uhr

Konzerte und Veranstaltungen

Markthalle → S. 121, E 9

Früher wurden hier Obst, Gemüse und Blumen gehandelt. Später hat Herbert Grönemeyer in der Markthalle gespielt, als er noch keine Stadien füllte, und die Sex Pistols waren auch mal hier. Zentral in der Nähe des Hauptbahnhofs gelegen ist die Markthalle seit mehr als 30 Jahren ein Zentrum für alternative Kultur: ob Pop-, Rock- oder Jazzkonzerte, alternative Operninszenierungen oder Kinofestivals.

Klosterwall 9–12; Tel. 33 94 91; www.markthalle-hamburg.de; U 1 Steinstraße

Theater im Hafen → S. 120, A 9

Südlich der Elbe entstand 1994 das weithin sichtbare Musicalzelt auf einem ehemaligen Werftgelände. Erster Mieter war »Buddy Holly«, doch seit 2001 regiert hier der »König der Löwen«. Das auf Deutsch adaptierte Broadway-Stück handelt vom Löwenjungen Simba und seinen Abenteuern. Oft ist die aufwendig inszenierte Show schon lange im Voraus ausverkauft, Restkarten für Kurzentschlossene gibt es aber am Aufführungstag noch an der Touristeninformation Landungsbrücken.

Norderelbstr. 6; Tel. 0 18 05/44 44; www.stage-entertainment.de; S-/U-Bahn Landungsbrücken

Im Musicalzelt in Steinwerder wird seit einigen Jahren erfolgreich »Der König der Löwen« aufgeführt. Sonst prägen Container und Kaistrecken diesen Hafenbereich.

Feste und Events

Vom Hamburg Marathon bis zum Hafengeburtstag – das Veranstaltungsangebot ist riesig.

Im Mai feiert der Hafen mit einer Windjammer-Parade, Musik, viel Trubel und einem Feuerwerk Geburtstag (→ S. 50).

Es war im April 1983, in den Verlagsräumen von Gruner + Jahr: Die geheimen Tagebücher Adolf Hitlers, so erklärte man, befänden sich im Besitz des Verlages. Man war auf eine dreiste Fälschung hereingefallen, wie sich später herausstellte. Im Hamburger Staatsarchiv wird aber noch heute eine weitere Fälschung aufbewahrt, die viel bedeutender ist für die Geschichte der Hansestadt: Ein Privileg des Kaisers Friedrich Barbarossa, in dem der Herrscher den Bürgern in Hamburg Freiheit von Zoll und Ungeld gewährt. Datiert ist es auf den 7. Mai 1189. An diesem Datum wird deshalb alljährlich mit großem Aufwand der Hafengeburtstag gefeiert – obwohl das Dokument, das der Feier zugrunde liegt, alles andere als authentisch ist. Den Höhepunkt dieses bekanntesten Hamburger Fests stellt die große Windjammer-Parade dar, aber auch am »Ballett der Schlepper« erfreuen sich jedes Mal zehntausende Besucher. Weitere wichtige Termine im Veranstaltungskalender der Stadt sind die Vattenfall Cyclassics, das bedeutendste Profiradrennen in Deutschland. Beim Jedermann-Rennen am Vormittag treten tausende Hobbyfahrer in die Pedale. Im Sommer lockt ein ganz anderer »Jedermann« die Besucher in die Speicherstadt: Das Theaterstück von Hugo von Hoffmansthal wird – ebenfalls alljährlich – in einer modernisierten Fassung aufgeführt. An Silvester schließlich versammeln sich die Massen an den St.-Pauli-Landungsbrücken, mit einem großen Feuerwerk über der Elbe wird das neue Jahr begrüßt.

Januar

Elbtunnel-Marathon

Zugegeben, es ist ein etwas bizarrer Lauf: 48-mal rennen die Sportler von St. Pauli hinüber auf die andere Elbseite und zurück. Im Jahr 2000 hatte der unterirdische Marathon seine Premiere, seit 2004 wird die Strecke nach offiziellen Richtlinien vermessen und ist vom Deutschen Leichtathletik-Verband offiziell anerkannt. Aus Sicherheitsgründen werden nicht mehr als 280 Teilnehmer zugelassen.

www.100mc.de

März/April

Osterfeuer

Wahrscheinlich stammt dieser Brauch noch aus germanischen Zeiten. Mit den Feuern wurden am Ende des Winters die bösen Geister vertrieben, ihre Flammen sollten das Innere des Menschen reinigen. Die katholische Kirche übernahm diese Tradition in die Liturgie der Osternacht: Christus, das Licht der Welt – ein reinigendes Feuer, das die Menschen von der Dunkelheit des Todes ins Licht des Lebens führt. Im protestantischen (und zunehmend atheistischen) Hamburg haben die Osterfeuer zwischen Övelgönne und Rissen heute vor allem folkloristischen Charakter. Ab 19 Uhr trifft man sich hier an der Elbe und entzündet bei Bier und Glühwein die mannshohen Holzstapel.

Ostersonntag

Die Lange Nacht der Museen

Traditionell am letzten Samstag im April, manchmal aber auch erst Anfang Mai laden die Hamburger Museen zu ihrer Langen Nacht ein. Auch die historischen Schiffe sowie die Museen am Hafen und in der Speicherstadt sind dann bis 2 Uhr nachts geöffnet. Shuttlebusse verbinden auf Sonderstrecken die offenen Häuser, Zutritt zu allen Angeboten (auch noch am nächsten Tag) mit einer einzigen Eintrittkarte.

www.langenacht.museumsdienst-hamburg.de

Hamburg Marathon

Der letzte Sonntag im April stellt für gut 15 000 Menschen alljährlich einen Tag der endlos scheinenden

Qualen dar: Sie laufen die 42,195 Marathon-Kilometer durch die Hansestadt, ein Teil der Strecke führt auch an der Elbe entlang.

26. April 2009; www.marathon-hamburg.de

Mai

Hafengeburtstag

»Das größte Hafenfest der Welt« – so preisen die Hamburger ihren Hafengeburtstag, der alljährlich an einem Wochenende Anfang Mai gefeiert wird. Bis in die Nacht hinein haben an der Hafenmeile die Bierstände und Fahrgeschäfte, die Würstchenbuden und Zuckerwatteverkäufer geöffnet. Nach dem Eröffnungsgottesdienst in St. Michaelis laufen am ersten Tag der Feiern Windjammer und kleine Segler ein. Ein Feuerlöschboot bildet traditionell die Spitze des Zuges, abends erstrahlen die Hafenlichter hell. Der Samstag gehört den Schleppern: im Takt klassischer Musik schaukeln die Boote durchs Hafenbecken, am Abend bestaunen die rund eine Million Besucher das Feuerwerk am Elbufer. Legendär sind auch Drachenbootrennen und die Auslaufparade am Sonntag.

9.–12. Mai 2008, 8.–10. Mai 2009; www.hafengeburtstag.de

Juni

ElbArt

Im Juni verwandelt sich der altehrwürdige Elbtunnel in eine Kunstgalerie: Gemälde, Grafiken und Fotografien zeitgenössischer Künstler schmücken dann die Wandfliesen, ein musikalisches und künstlerisches Rahmenprogramm machen die Ausstellung zu einem Fest für Kunstliebhaber.

1. Wochenende im Juni; www.cult.de

Juli

Jedermann

In Salzburg hatten sie die schönste Buhlschaft, die männlichste stand mit Georg Preuße alias »Mary« in Berlin auf der Bühne. Und in Hamburg? Hamburg hat wohl die modernste der großen »Jedermann«-Interpretationen. Und das in historischer Kulisse: Jeden Sommer kommt das Stück inmitten der Backsteinfassaden in der Speicherstadt zur Aufführung. Michael Batz interpretiert in seiner Fassung des historischen Stückes den Jedermann als Spiegel der heutigen Hamburger Gesellschaft.

www.speicherstadt.net

Schlagermove

Am ersten Juli-Wochenende treffen sich Jahr für Jahr die Schlagerverrückten aus ganz Deutschland in St. Pauli. Höhepunkt ist samstags die große Parade vom Heiliggeistfeld hinunter an die Elbe. Über die Reeperbahn geht es dann wieder zurück. Und weil es so schön war, machen wir das Ganze bitte gleich noch einmal! Anschließend wird in der Fischauktionshalle getanzt, gefeiert – und gesoffen.

4.–5. Juli 2008, 3.–4. Juli 2009; www.schlagermove.de

IBA Hamburg Inline Marathon

Hamburg wagt den »Sprung über die Elbe«: Bis 2013 sollen die Veddel, Wilhelmsburg und der Binnenhafen strukturell mit der alten Innenstadt verschmelzen. Schon jetzt lassen sich die Stadtteile im Süden beim Inline-Marathon erkunden: Die Teilnehmer umrunden Wilhelmsburg, Europas größte Binneninsel, fahren an der HafenCity, den Hafenanlagen und den Weiden am Moorwerder vorbei.

13. Juli 2008, 12. Juli 2009; www.inline-marathon-hamburg.de

Michelwiesenfest

Großes Stadtteilfest hinter dem Verlagsgebäude von Gruner + Jahr: Clowns bringen Kinder zum Lachen, Künstler präsentieren ihre Werke, die Anwohner verkaufen Kaffee und Kuchen. Intime Stimmung inmitten der Metropole.

Michelwiese am Schaarmarkt

AUGUST

Christopher Street Day Hamburg

Entstanden war der CSD eigentlich als Demonstrationszug für die Gleichberechtigung Homosexueller, inzwischen wird er aber vor allem wie ein großes Fest gefeiert. Rund 10 000 Lesben, Schwule und Transsexuelle tanzen durch die Straßen, mindestens ebenso viele Heterosexuelle machen einfach mit. Der Schwerpunkt der Feiern liegt zwar auf der Reeperbahn, im Schwulenviertel an der Langen Reihe und am Jungfernstieg, aber auch in den Clubs und Kneipen am Hafen ist Hamburg an diesem Wochenende noch bunter als sonst.

3.–5. August 2008; www.hamburgpride.com

Vattenfall Cyclassics

Das zweite große Sportevent im Jahr hat für viele Teilnehmer einen ganz besonderen Reiz: Sie dürfen über die Köhlbrandbrücke fahren und von dort aus den Blick auf die Stadt genießen – sonst gehört die 54 m hoch gelegene Fahrbahn allein den Autos. Kein Wunder, dass manche der Hobbyradler oben angekommen einfach mal kurz anhalten.

2. September 2008; www.vattenfall-cyclassics.de

Welt-Astra-Tag

Wer auf die Idee gekommen ist, einer als »Mauererplörre« verschrienen Biersorte gleich einen ganzen Tag zu widmen? Marketing-Experten, die in diesem Fall offenbar auch sonst einen guten Job machen. Seitdem Astra nicht mehr nur als Arbeiter-Bier wahrgenommen wird, geht es mit den Absatzzahlen wieder nach oben. Deshalb lädt die Holsten-Brauerei jetzt alljährlich aufstrebende Nachwuchsbands zu ihrem Musikfestival an den St.-Pauli-Landungsbrücken ein, am Abend werden die Massen dann von großen Namen angelockt. Gods of Blitz, The Rasmus, Tito & Tarantula und Tomte haben hier schon aufgespielt.

www.weltastratag.de

MERIAN-Tipp

6 Nordische Weihnachtsmärkte

Die skandinavischen Seemannskirchen an den Landungsbrücken bieten ihre eigene, nordische Version eines Weihnachtsmarkts: Sie schenken Olut (finnisch für »Bier«) und Gløgg (norwegisch für »Glühwein«) aus, dazu gibt es renkött med lingon (schwedisch für »Rentierfleisch mit Preiselbeere«) und Klöben (dänisch für »Rosinenbrötchen«).

www.weihnachtsbasare.org

SEPTEMBER

Hamburg City Man

Der Triathlon hat sich im Hamburger Sportkalender etabliert, die Radstrecke führt auch am Hafen entlang.

5.–6. Juli 2008; www.hamburgcityman.de

OKTOBER

Hanseboot

Die Sportbootmesse unterhält einen Außenposten am Baumwall, dort liegen die großen Jachten vor Anker. Die kleineren Ausstellungsstücke können in den Messehallen in Augenschein genommen werden.

25. Oktober–2. November 2008,
24. Oktober –1. November 2009;
www.hanseboot.de

DEZEMBER

Silvester

Die spektakulärste Silvesterparty feiern die Hamburger traditionell an den Landungsbrücken. Tausende Menschen drängelnd sich dicht an dicht, stoßen mit Sekt oder Bier an und schießen ihre Raketen in den Himmel über der Elbe. Aber Vorsicht, der eine oder andere Querschläger landet auch schon mal in der Menge.

Kreuzfahrtstandort Hamburg

Majestät hält Hof: Die größten Kreuzfahrtschiffe der Welt kommen zu Besuch in die Hansestadt.

»Uwe, schmeiß an, sie kommt!« ruft Kapitän Ulli in den Maschinenraum. Uwe schmeißt an, drückt Knöpfe, dreht an Schaltern. Es dröhnt unter Deck. Schlepper Bugsier 14 fährt los, schaukelt auf den Wellen. Kapitän Ulli gibt jetzt Vollgas, er macht Jagd auf die Majestät.

Sie heißen Bremen, Deutschland oder Europa, Artemis oder Jewel of the Sea, und alle diese Kreuzfahrtschiffe machen mächtig Eindruck, wenn sie in den Hamburger Hafen einlaufen. Aber heute ist ihre unbestrittene Königin, die Queen Mary 2, zum ersten Mal in der Hansestadt zu Gast, und Hunderttausende sind auf den Beinen: »QM2-Day« nennen sie das hier.

Es ist der 19. Juli 2004, 6 Uhr früh. 157 000 PS treiben die Königin an, sie wiegt stolze 151 400 Tonnen, eine schwimmende Stadt. Selbst auf offener See, mit Höchstgeschwindigkeit, ist sie kaum schneller als ein Motorroller. Hier, auf der Elbe, schleicht sie förmlich durch das Wasser.

Jetzt hat Bugsier 14 den Bug der Queen Mary 2 erreicht. 40 m über dem Schlepper thront der Kapitän des majestätischen Schiffs auf seiner Brücke, er blickt hinunter auf die vielen Hafenfähren und -barkassen, die die stolze Kreuzfahrerin begleiten. Von hier oben wirken sie wie Miniaturen.

Warten auf die Königin

Die hunderttausenden von Menschen am Ufer sehen müde aus. Sie sind früh aufgestanden oder gar nicht erst ins Bett gegangen, um Ihrer Majestät die Ehre zu erweisen. Aber sobald die Königin in Sicht kommt, ist die Müdigkeit wie weggeblasen: Die Seh-Leute, wie sie die Zeitungen später nennen werden, winken und jubeln, Fotoapparate blitzen, klicken und piepsen. Nur als das mächtige Schiffshorn dröhnt, halten sich viele dann doch lieber die Ohren zu.

Seit jenem Sommermorgen lieben die Hamburger ihre Queen. Immer wieder kommen sie zur Audienz,

wenn Ihre Majestät Hof hält im Dock von Blohm + Voss oder wenn sie anlegt am Kreuzfahrtterminal drüben in der HafenCity. Noch werden die Besucher dort in einem Provisorium empfangen: Als Wände für das Terminal wurden Überseecontainer aufeinandergestapelt, die Decke überspannt ein helles Dach in Segelform.

Bis 2011 soll ein repräsentatives Empfangsgebäude mit einer erweiterten Kapazität entstehen, denn schon heute machen in Hamburg jährlich rund 100 Kreuzfahrtschiffe fest, und die Branche boomt weiter. Deshalb wurde vor kurzem noch eine zweite provisorische Halle eingeweiht. Für die ganz großen Schiffe dient sie hauptsächlich der Gepäckabfertigung, legen kleinere Exemplare an, können jetzt auch zwei Schiffe gleichzeitig abgefertigt werden.

Der Platz vor der Containerburg ist noch unbebaut, demnächst wird hier mit dem Überseequartier das sogenannte Herz der HafenCity aus dem Boden gestampft. In sicherer Entfernung steht Klaus Störtebeker, der Seeräuber, der an dieser Stelle 1401 hingerichtet worden sein soll. »Gottes Freund, der Welt Feind« – so lautet die Inschrift am Sockel der Bronzestatue, die 1982 von Hansjörg Wagner geschaffen wurde.

Die neue Aussichtsplattform

Die Schilder vor seiner Nase würde Störtebeker wohl nicht mehr verstehen: »Cruise Center« heißt es da weltstädtisch und »View Point«. Im Juli 2004, zur ersten Ankunft der Queen Mary 2, wurde die 13 m hohe Aussichtsplattform eröffnet. Auffällig orange ist sie und sieht aus wie der Führerstand eines Krans oder wie ein riesiges Periskop, das aus dem Boden auftaucht. Von hier oben hat man einen schönen Blick auf die einlaufenden Schiffe – oder auf Hamburgs neue Mitte, die zurzeit noch eine einzige Baustelle ist.

Die Stadt hat auf den Andrang bei den Ankünften der Queen Mary 2 übrigens schnell reagiert: Eine eigene Internetseite wurde eingerichtet (www.qm2-day.de). Hier können sich die sonst so bürgerlichen Hamburger schon Monate vor der nächsten Audienz auf ihre Königin freuen.

»QM2-Days«: Die Besuche der Queen Mary 2 werden im Hamburger Hafen oft begeistert gefeiert.

Unterwegs im Hamburger Hafen

Auch bei Unwetter noch spektakulär: Blick über das nächtliche Hamburg, gesehen vom Vorplatz des Musicaltheaters.

Spannende Gegensätze: Über 800 Jahre ist der Hafen schon alt, Spuren aus seiner langen Geschichte finden sich fast überall. Gleich nebenan entsteht mit der HafenCity eine Stadt für übermorgen.

Sehenswertes

Schifffahrtsromantik und Zukunftsmusik: Die Sehenswürdigkeiten verbinden Tradition mit Moderne.

Zumindest einmal im Jahr geht die Cap San Diego (→ S. 75) noch auf große Fahrt Richtung Kiel oder Cuxhaven, den Rest des Jahres kümmern sich ehemalige Seeleute ehrenamtlich um das Museumsschiff an der Überseebrücke.

Sicher, hier geht es um den Hafen, also in erster Linie um Schiffe, die Speicherstadt, den Fischmarkt... Sicher? Heute bietet das Hafengebiet viel mehr als Seefahrerromantik, neue Nutzer sind in alte Anlagen eingezogen, sie haben gastronomische wie kulturelle Attraktionen in die Areale am Wasser gebracht. Aber auch wenn der Hafen an manchen Orten längst Geschichte ist – vergessen lässt er sich nie.

Vor allem entlang der Sturmflutmauer zwischen Baumwall und Landungsbrücken tummeln sich besonders viele Menschen, hier genießen sie Hafenatmosphäre pur. Ein Abstecher ins benachbarte Portugiesenviertel ist sicher kein Geheimtipp mehr, der Besuch der dort ansässigen skandinavischen Seemannskirchen aber schon. Auch weiter westlich auf dem Weg ins idyllische Övelgönne lohnen Umwege: Die Hafenstraße war in den 80er-Jahren Schauplatz vieler Straßenschlachten zwischen Autonomen und der Hamburger Polizei. Noch heute wohnen hier die ehemaligen Besetzer, inzwischen aber nicht mehr illegal: Mit einer Genossenschaft konnten sie sich ihr alternatives Flair bewahren. In direkter Nachbarschaft ist der Antonipark entstanden – ein Kunstprojekt der Kasseler documenta.

Durch den Alten Elbtunnel oder mit den Hafenfähren erreicht man das südliche Elbufer, ein Gebiet, das noch immer stark industriell geprägt ist. Von Touristen wird diese Gegend eher gemieden. Wer Hamburg und den Hafen verstehen will, sollte jedoch unbedingt einen Abstecher unternehmen. Man wird hier wenige Sehenswürdigkeiten im klassischen Sinne finden, dafür aber ein anderes Hamburg kennenlernen, eine Gegenwelt zu der noblen Hansestadt im Norden: ein ehrliches Hamburg der Container, Güterbahnhöfe, Industrieanlagen und Imbissbuden. Ein Hamburg, das immer arbeitet, stets schwitzt.

Und dann ist da noch die HafenCity, Europas größte innerstädtische Baustelle. Auf ehemaligem Hafengebiet soll hier ein vollkommen neuer Stadtteil entstehen – und das sehr zentral und doch direkt am Wasser: Die ersten Quartiere sind schon fertiggestellt, die Arbeit an den spektakuläreren Projekten läuft aber erst an. Trotzdem (oder gerade deswegen) lohnt sich der Rundgang durch die HafenCity schon heute: Neben modernen Beton- und Glasbauten werden bereits riesige Baugruben ausgehoben, in der unmittelbaren Nachbarschaft verrotten noch die alten Industrieanlagen. Wo sonst kann man die Geburt einer Stadt bezeugen?

Alter Elbtunnel → S. 120, A 9

Als der Elbtunnel 1911 eröffnet wurde, drängten sich die Menschenmassen um den Eingang des Bauwerks, einen mächtigen Turm im Stil des römischen Pantheons. Die Hamburger wollten das moderne Weltwunder mit ihren eigenen Augen sehen, zum ersten Mal war auf dem europäischen Festland eine Flussuntertunnelung geglückt. 2

Zwar war die erste echte Elbbrücke in der Hansestadt schon 1868 bis 1872 (als Eisenbahnbrücke) entstanden, doch wer weiter flussabwärts von einem Ufer auf das andere wechseln wollte, war noch immer auf die Fähren angewiesen. Sie brachten die Arbeiter morgens zu den Hafenanlagen im Süden – und am Abend wieder zurück in die Stadt. Ende des 19. Jh. nahm die Zahl der Fähren aber so stark zu, dass der übrige Schiffsverkehr immer stärker behindert wurde. Man suchte Alternativen: Schwebefähren oder gewöhnliche, tief liegende Brücken hätten den Verkehrsfluss auf der Elbe weiterhin beeinträchtigt, für eine hydraulische Lösung, wie sie London mit der Tower Bridge gefunden hatte, war die Elbe zu breit.

Der 1911 eröffnete Alte Elbtunnel ist heute vor allem eine Attraktion für Hamburg-Besucher, ein Spaziergang durch seine gekachelten Röhren ein besonderes Erlebnis.

Baurat Ludwig Wendemuth griff auf eine Idee aus dem Jahr 1872 zurück, damals war sie noch als Utopie abgetan worden: Er wollte die Elbe untertunneln. Mit dem Glasgower Clyde-Tunnel konnte er mittlerweile ein geglücktes Vorbild präsentieren, sodass sich der Senat überzeugen ließ.

1907 baute man zunächst das südliche Schachtgebäude in Steinwerder, dann das nördliche an den Landungsbrücken. Im dritten Bauabschnitt wurden die Tunnelröhren von beiden Seiten her durch den Boden getrieben, etwa 3 m unterhalb des Flussbettes auf insgesamt 426,50 m Länge. 1910 besuchte Kaiser Wilhelm II. die Baustelle, am 7. Sept. 1911 feierten die Hamburger dann das fertiggestellte Bauwerk. 10,7 Millionen Goldmark hatte der Tunnel gekostet, das entspricht der Kaufkraft von etwa 100 Millionen Euro. Zum Vergleich: Die 2002 eröffnete vierte Röhre des Neuen Elbtunnels war fünfmal so teuer.

Seit seiner Eröffnung wurde der Elbtunnel erst zweimal geschlossen: Bei einem Bombenangriff 1944 und während der Elbvertiefung 1982/83: Man hatte Angst, dass die Röhren durch Baggerschaufeln beschädigt werden könnten. Damals wurde die Schlickschicht über der Tunnelwand bis auf einen Meter abgetragen und mit Stahlbeton verstärkt.

Noch heute bringen die riesigen Aufzüge täglich rund 1000 Autos in eine Tiefe von 23,50 m, wo die nur 1,92 m breite Fahrbahn hinüber zur anderen Elbseite führt. Aber auch ein Spaziergang durch den Tunnel lohnt sich. Seine Röhren sind mit Kacheln ausgekleidet, Reliefs aus Majolika zeigen Fische und Krebse.

Nachdem 1975 einige Kilometer flussabwärts der Neue Elbtunnel eröffnet wurde, verlor der Alte schnell an Bedeutung. Für viele Besucher und Bewohner Hamburgs ist er heute vor allem von touristischem Interesse. Dennoch stellt das historische Bauwerk auch weiterhin eine wichtige Verbindung zwischen Neustadt und Hafen dar – besonders für die Werftarbeiter bei Blohm + Voss.

S-/U-Bahn Landungsbrücken; der Tunnel ist Mo–Fr 5.30–20, Sa bis 16.30 Uhr für Pkw geöffnet; Gebühr 2 €, Fußgänger und Radfahrer können den Tunnel jederzeit kostenlos nutzen

Altonaer Balkon

→ S. 118, C 5 – 119, D 5

Diese schöne Parkanlage liegt direkt hinter dem Altonaer Rathaus. Wie eine Aussichtsplattform erhebt sie sich über die Elbe und den Hafen, und so erlaubt sie weite Ausblicke: Halbrechts liegt der Containerterminal Waltershof, links daneben sind die zehn eierförmigen Faultürme der Kläranlage Köhlbrandhöft zu sehen, noch weiter links die Docks der Werft Blohm + Voss. In unmittelbarer Nähe des Altonaer Balkons erinnert das Auswandererdenkmal an die Millionen von Menschen, die Hamburg als Tor zur Welt nutzten und ihr Glück in Amerika suchten. Außerdem steht hier die Bronzeplastik »Maritim« von Gerhard Brandes, sie stammt aus dem Jahr 1965 und zeigt drei Fischer.

Palmaille; Bus 112 Elbberg

Antonipark

→ S. 119, F 5

Nach jahrelangem politischen Ringen wurde dieser winzige Park im Jahr 2005 endlich eröffnet: Eigentlich sollte die Baulücke zwischen Fischmarkt, Reeperbahn und Hafenstraße schon 1994 mit mehrgeschossiger Wohn- und Bürobebauung geschlossen werden. Doch Anwohner, die angrenzende Schule und die Kirchengemeinde plädierten stattdessen für eine Parkanlage. Die Pläne für ihr Projekt »Park Fiction« wurden 2002 sogar auf der documenta 11 in Kassel ausgestellt, heute ist die fertig gestaltete Freifläche vor allem im Sommer ein beliebter Treffpunkt.

Kreuzung Pinnasberg/Bernhard-Nocht-/St.-Pauli-Hafenstraße; www.parkfiction.org; Bus 112 St.-Pauli-Hafenstraße

Brooksbrücke

→ S. 89, b 2

Bis zu seiner Zerstörung im Zweiten Weltkrieg versperrte hier ein Tor den Zugang in das Freihafengebiet. Am 29. Oktober 1888 war es von Kaiser Wilhelm II. feierlich eingeweiht worden, die Zeremonie besiegelte den Zollanschluss der Stadt Hamburg an

Grüne Oase am Rande des Hafens: Am Elbhang erstrecken sich weite Parkanlagen, große Rasenflächen und ein kleiner Biergarten laden zum Verweilen ein.

Hörgenuss der Luxusklasse: Die von Herzog & de Meuron geplante Elbphilharmonie (→ S. 62) bietet erstklassige Architektur – und Akustik.

das Deutsche Reich. Als Symbol für diesen Akt galten die Skulpturen am nördlichen Brückenkopf: Mit einer versöhnlichen Geste reichte die »Germania« der »Hammonia« die Hand. Auch diese Personifizierungen von Reich und Hansestadt wurden bei einem Bombenangriff zerstört, seit 2003 stehen an ihrer Stelle die neuen Brückenskulpturen »Europa« und »Hammonia«.

Brooksbrücke; U 3 Baumwall

Cruise-Center → S. 120, D 10

→ MERIAN-Spezial, S. 52

Deichstraße → S. 120, C 9

Die kleine Straße mit den pittoresken Häusern, den gemütlichen Cafés und Restaurants ist wohl einer der geschichtsträchtigsten Orte in Hamburg. Hier, am Nikolaifleet, wo die Alster vor ihrer Kanalisierung in die Elbe mündete, vermutete man den ersten Hafen der Hansestadt. Und hier, im Haus Nummer 44, begann in der Nacht vom 4. auf den 5. Mai 1842 der Große Brand, dem mehr als ein Viertel der Stadt zum Opfer fiel. Als das Feuer nach mehreren Tagen gelöscht werden konnte, hatte es 1800 Gebäude zerstört, unter ihnen sieben Kirchen, das alte Rathaus und die alte Börse.

Die historischen Häuser in der Straße (die letzten im althamburgischen Stil) stammen aus dem 17. bis 19. Jh., nach dem Großen Brand waren sie restauriert worden. Mit dem 1686 erbauten Haus 37 steht hier auch das letzte Hamburger Kaufmannhaus, das in seiner typischen Bauweise erhalten ist: Der Kontor befindet sich im Erdgeschoss, die Wohnräume liegen in den oberen Etagen.

Zwischen den Häusern verlaufen Fleetgänge, so werden die schmalen Gassen bezeichnet. Sie wurden angelegt, um auch den Gebäuden auf der gegenüberliegenden Seite einen Zugang zum Wasser zu gewähren. Durch den Fleetgang zwischen Nr. 39 und 41 gelangt man auf einen Ponton, von hier aus bietet sich ein guter Blick auf die wasserseitigen Hausfassaden.

U 3 Rödingsmarkt

Ditmar-Koel-Straße und Schwedische Seefahrerkirche

→ S. 120, A/B 9

Von den Landungsbrücken führt diese Straße in das sogenannte Portugiesenviertel. Früher wohnten dort vor allem Arbeiter, und das Viertel war Treffpunkt der portugiesischen Einwanderer, heute ist der Stadtteil vor allem bei Studenten und Touristen beliebt. Fast scheint es hier, als sei die Zeit stehen geblieben: »Feinkost Meyer« ist ein kleiner Tante-Emma-Laden, in der »Seekiste« gibt es Schiffsmodelle und im Geschäft schräg gegenüber Antiquitäten. Besonders während der Sommermonate weht ein Hauch von Mittelmeer durch die Straße, bis tief in die Nacht sitzen die Menschen dann vor spanischen oder portugiesischen Kneipen und essen zu ihrem kühlen Bier vor allem Fischgerichte. Übrigens haben sich auch die vier skandinavischen Seemannskirchen in dieser Straße niedergelassen. Dänen, Finnen und Norweger besuchen die modernen Backsteinkirchen, die Schweden feiern ihre Gottesdienste dagegen in der geschichtsträchtigen Gustav-Adolf-Kirche aus dem frühen 20. Jh.

Ditmar-Koel-Str. 36; skut.svenskakyrkan.se/hamburg; S-/U-Bahn Landungsbrücken; So–Do 16–21, Sa 16–20 Uhr

Dockland

→ S. 118, C 5

Das 132 m lange und 29 m hohe Bürogebäude wurde im Herbst 2005 als neues »Tor zur Stadt« fertiggestellt. Seine Spitze ragt weit über das Wasser hinaus, doch nicht nur wegen der zeitgenössischen Architektur (von Bothe, Richter, Teherani) lohnt sich der Abstecher zum Dockland: Das öffentlich zugängliche Dach bietet einen spektakulären Blick über den Elblauf – von der HafenCity flussaufwärts bis zum Airbuswerk in Finkenwerder flussabwärts. 3

Van-der-Smissen-Str. 9; Fähre 61/62 Dockland

Donnerspark

→ S. 118, B 5

Benannt ist dieser kleine Park oberhalb der Schlepperstation Neumühlen nach dem Kaufmann und Bankier Conrad Hinrich Donner. 1820 kaufte er einen seit dem 17. Jh. bestehenden Landsitz auf, sein Sohn baute dann das prächtige »Donners-Schloss«, das im Zweiten Weltkrieg zerstört wurde.

Elbtreppe Neumühlen, Bus 112 Neumühlener Kirchweg

Seelsorge bei den Binnenschiffern: Die Flussschifferkirche (→ MERIAN-Tipp, S. 63) hat sogar einen eigenen Glockenturm.

Elbphilharmonie → S. 120, B 9
Aus einem alten Speicher wird die wichtigste Kulturstätte der neuen HafenCity und der Hansestadt: Der Kaispeicher A wurde in den 60er-Jahren als massive Stahlbeton-Konstruktion erbaut. Er war der einzige Speicher des Hamburger Hafens, an dem auch große Schiffe direkt anlegen konnten, hauptsächlich wurden hier Kakao und Kaffee gelagert. Jetzt wird das 30 m hohe Gebäude komplett entkernt und zu einem Fünf-Sterne-Hotel mit Parkhaus umgebaut. Darauf entsteht dann bis 2010 die spektakuläre Elbphilharmonie. Ihr Glaskörper soll mit seiner geschwungenen Form an Wellen erinnern, der große Konzertsaal wird 2200 Menschen fassen, im kleinen finden noch 600 Besucher Platz. Die Pläne für das neue Hamburger Wahrzeichen stammen vom Schweizer Architekturbüro Herzog & de Meuron. In München haben die renommierten Architekten schon die Allianz-Arena entworfen, in London ein altes Kraftwerk zur Tate Gallery of Modern Art umgebaut.

Am Dalmannkai; Bus 6 Am Dalmannkai (SAP)

Fischauktionshalle und Fischmarkt → S. 119, E 5
Was heute als Hamburger Institution gefeiert wird, ist eigentlich gar nicht hanseatisch: Der Fischmarkt öffnete im 16. Jh. im damals selbstständigen Altona. 1703 wurde der Markt erstmals urkundlich erwähnt: Den Fischern erlaubte man, auch sonntags ihre Ware zu verkaufen, »bis die Glocke halbe neun« schlägt. Nur so war es ihnen möglich, danach noch den Gottesdienst zu besuchen.

1

Als im 19. Jh. die beiden Städte zusammenwuchsen, fürchteten die Altonaer die Konkurrenz aus Hamburg. Man beschloss deshalb den Bau einer Fischauktionshalle: 1895 wurde sie fertiggestellt, Altona stieg so zum wichtigsten Fischhandelsplatz in Norddeutschland auf.

Erst nach dem Zweiten Weltkrieg übernahmen Bremerhaven und Cuxhaven diese Rolle, die Fischauktionshalle in Altona stellte ihren Betrieb

Die Fischauktionshalle ist nach antikem römischen Muster als dreischiffige Markthalle konstruiert. Sonntags gibt es hier Frühstück und Livemusik.

ein. Heute stärken sich hier Sonntagmorgens die Nachtschwärmer bei Bier, Kaffee und Fischbrötchen. Direkt neben der Markthalle hat sich in einer alten Mälzerei das Stilwerk (→ S. 37) niedergelassen.

Fischmarkt; www.fischmarkt.hamburg.de; Bus 112 oder Fähre 61/62 bis Fischmarkt; 15. März–15. Nov. So 5–9.30 Uhr, 16. Nov.–14. März So 7–9.30 Uhr

HafenCity → S. 89

Traditionell sieht sich Hamburg als attraktive, moderne Metropole am Wasser, eine entsprechend repräsentative Visitenkarte soll derzeit mit der

4 HafenCity entstehen. Eindrucksvoll sind die Zahlen allemal: 155 ha groß wird der neue Stadtteil – was fast der Größe des Alstersees entspricht. 5500 neue Wohnungen entstehen, 12 000 Menschen werden hier wohnen, 40 000 arbeiten. Nach Fertigstellung der HafenCity in den 2020er-Jahren erweitert sich die Hamburger Innenstadt um ein Fünftel ihrer bisherigen Fläche.

So viel zur Theorie. Doch kaum sind die ersten Mieter eingezogen, hagelt es jetzt jede Menge Kritik am größten innerstädtischen Bauprojekt Europas: Vom »Retortenstadtteil« ist die Rede, von »Austauschbarkeit der Architektur« und von »drohender Tristesse«. Erst in der Praxis wird sich zeigen, ob mit der HafenCity – wie geplant – ein gut durchmischtes, vibrierendes Viertel heranwächst. Spannend ist das Projekt aber allemal: Zunächst werden bis 2010/11 die westlichen Quartiere gebaut, mit dem zentralen Überseequartier soll auch schon das sogenannte Herz der HafenCity zu pulsieren beginnen. Parallel will man mehrere sogenannte Leuchtturmprojekte verwirklichen: Am Sandtorhafen entsteht Hamburgs neue Elbphilharmonie (→ S. 62), am Magdeburger Hafen das Internationale Maritime Museum (→ S. 78), im Überseequartier ein neuer Kreuzfahrtterminal. Später breitet sich die HafenCity noch weiter nach Osten aus: An den Elbbrücken sollen Wolkenkratzer entstehen, namhafte Architekten haben schon mal spektakuläre Entwürfe vorgelegt. Auf der offiziellen Internetseite der HafenCity heißt es dazu allerdings noch nüchtern: »Realisierung der Hochbauten entsprechend Marktnachfrage«. Wer mehr wissen will, sollte dem in der Speicherstadt gelegenen Kesselhaus (→ S. 64) einen Besuch abstatten, hier ist das Informationszentrum der HafenCity (→ S. 76) untergebracht.

U 3 Baumwall, U 1 Messberg

MERIAN-Tipp

7 Flussschifferkirche

Bereits 1870 gründete der Hamburger Theologe Johann Hinrich Wichern eine Gemeinde für die Flussschiffer – getreu nach dem Motto: »Wenn die Menschen nicht zur Kirche kommen, muss die Kirche zu den Menschen gehen.« Später wurde ein schwimmender Ladungsbehälter, ein sogenannter Weserleichter, zu einem schwimmenden Gotteshaus umgebaut. Wie in jeder anderen Kirche gibt es hier Altar, Kanzel, Taufbecken, Orgel und sogar einen echten Glockenturm. 1952 weihte der Hauptpastor der benachbarten Katharinen-Gemeinde die Flussschifferkirche ein, heute wird sie von verschiedenen Geistlichen ehrenamtlich mitbetreut.

Kajen/Hohe Brücke 2; tgl. 10–16 Uhr; U 3 Baumwall → S. 120, B 9

Kaffeebörse → S. 89, d 1

Bereits 1887 eröffnete die Hamburger Kaffeebörse einen Terminmarkt für die rohen Bohnen aus Afrika und Amerika. Schnell entwickelte sie sich neben den bereits bestehenden Börsen in New York und Le Havre zu einem der bedeutendsten Handelsplätze. Diesen Stellenwert büßte sie zwar

An vier Tagen der Woche kann man hier nachmittags Kaffee trinken oder essen gehen und dabei den schönen Blick genießen: das Café Elbwarte (→ S. 30) im Augustinum.

nach dem Ersten Weltkrieg schon wieder ein. Trotzdem wurde das bis heute erhalten gebliebene Gebäude noch 1956 eröffnet. Bereits zwei Jahre später musste man allerdings endgültig feststellen, dass der Konkurrenzdruck der ausländischen Börsen zu stark geworden war. Heute wird der alte Börsensaal als Veranstaltungsraum genutzt.

Alter Wandrahm 12; U 1 Messberg

Kesselhaus → S. 89, b 2

Hier war das alte Kraftwerk der Speicherstadt untergebracht. Die Dampfmaschinen im Kesselhaus trieben zunächst die Hydraulik in der benachbarten Maschinenzentralstation an, über ein Netz von fast 15 km Länge wurden so 260 Winden, 36 Kräne und 50 Aufzüge bewegt. Die Kohlen für die Dampfmaschinen liefert Schuten über das Brooksfleet an, auf einer Kranbahn transportierte man sie dann ins Innere des Kesselhauses. Nachdem die Hydraulik durch Elektromotoren ersetzt worden war, erzeugte man mit den Generatoren noch Elektrizität, im Krieg wurden die Anlagen dann schwer beschädigt. 2001 wurden die zerstörten Schornsteine mit einer Stahlgitterkonstruktion andeutungsweise nachgebildet. Das Maschinenhaus steht noch immer leer, im Kesselhaus ist das Informationszentrum der HafenCity untergebracht (→ S. 76).

Am Sandtorkai 30; Bus 6 Auf dem Sande; Di–So 10–18 Uhr

Köhlbrandbrücke → S. 119, D 8

Täglich befahren rund 30 000 Autos die – mit 3618 m – zweitlängste Brücke Deutschlands: 53 m über der mittleren Wasserhöhe wird ihre Fahrbahn von 88 astdicken Stahlseilen gehalten. Die beiden Pylonen sind mit 135 m höher als der Kirchturm von St. Michaelis. Gebaut wurde die Köhlbrandbrücke Anfang der 70er-Jahre. Hier, am Köhlbrand, mündet die Süderelbe in die Norderelbe. Damit die großen Seeschiffe auch weiterhin an dieser Stelle passieren konnten, musste eine Durchfahrtshöhe von über 50 m garantiert werden: Selbst das könnte für die Container- und Kohleschiffe der neuesten Generation irgendwann nicht mehr ausreichen. In der Hamburger Sensationspresse wurde bereits über den Abriss der Köhlbrandbrücke spekuliert, in absehbarer Zukunft wird eine Entscheidung aber sicherlich nicht fallen. Für Fußgänger und Radfahrer ist das Bauwerk leider gesperrt. Ausnahme: Beim Vattenfall Cyclassic (→ S. 51) wird die Brücke einmal im Jahr für Radfahrer geöffnet.

Auffahrt zur Köhlbrandbrücke in beiden Richtungen von der A 7 Ausfahrt Waltershof; einen schönen Blick hat man auch von der Fähre 61, Abfahrt an den Landungsbrücken

Köhlbrandtreppe → S. 119, E 5
Der kürzeste Weg der Arbeiter aus Altona und St. Pauli hinunter zum Fischmarkt und zum Holzhafen führte über die 1887 erbaute Köhlbrandtreppe. Als die Backsteinfassade im neugotischen Stil hochgezogen wurde, war das vormals dänische Altona gerade erst preußisch geworden. An der Treppe finden sich deshalb sowohl das Wappen von Preußen als auch das von Altona. Unterhalb der Treppe liegt der historische Holzhafen, sein Hafenbecken ist das älteste in ganz Hamburg erhalten gebliebene.

Carsten-Rehder-Straße; Bus 112/Fähre 61/62 Fischmarkt

Kühlhaus »Union«/Seniorenheim Augustinum → S. 118, B 5
Bevor der Hafen zu Beginn des 20. Jh. immer weiter elbabwärts wuchs, befand sich hier noch ein kleines Fischerdörfchen. Später entstanden an seiner Stelle Hafenanlagen und Speicher, unter anderem das Kühlhaus »Union«, in dem seit 1926 Gefrierfleisch gelagert wurde. 1991 riss man das Gebäude dann ab, zog die Fassade danach wieder baugleich hoch und ließ dahinter eine Seniorenresidenz entstehen. Vom Café Elbwarte in der weithin sichtbaren Kuppel (→ S. 30) bieten sich schöne Ausblicke über die Elbe.

Neumühlen 37; Bus 112 Neumühlen/Övelgönne

Landungsbrücken → S. 120, A 9
Das vielleicht beliebteste Postkartenmotiv der Hansestadt ist der Blick von der U-Bahnhaltestelle aus auf die

Imposante Konstruktion: Die Köhlbrandbrücke ist mit 3618 Metern die zweitlängste Straßenbrücke Deutschlands – und Hamburgs heimliches Wahrzeichen.

Landungsbrücken und den Hafen. Fast jeder Hamburg-Besucher unternimmt einen Spaziergang auf der Hochwasserschutzmauer und macht dann einen Abstecher auf die dahinter liegenden schwimmenden Pontons aus den 50er-Jahren. Mit ihnen wird die Tide ausgeglichen, also der schwankende Wasserspiegel der Elbe zwischen Ebbe und Flut (In Hamburg beträgt dieser Tidenhub immerhin etwa 3,60 m). Von den Schwimmpontons aus starten die Hafenrundfahrten, auch die Elbfähren (→ S. 90) legen hier an und ab, ebenso der Shuttle-Service zum Hafentheater. Das ehemalige Abfertigungsgebäude aus Tuffstein ist 200 m lang. Zwischen 1907 und 1909 entstand es als Wasserbahnhof für Passagierschiffe, seit 2003 steht es unter Denkmalschutz. An seinem Turm liest man nicht nur die Uhrzeit ab, sondern auch den Pegelstand des Flusses. Eine Gedenktafel am östlichen Zugang zu den Landungsbrücken erinnert an die tragische Geschichte der St. Louis: 950 jüdische Flüchtlinge wollten an Bord dieses Passagierschiffs am 13. Mai 1939 in die Neue Welt auswandern, um sich so vor den Nazis in Sicherheit zu bringen. Nach einer einmonatigen Irrfahrt in den Gewässern zwischen Kuba und Florida mussten sie nach Europa zurückkehren, weil sowohl die USA als auch Kanada und Kuba die Einreise verweigerten. Schließlich nahmen verschiedene europäische Länder die Flüchtlinge auf. Nach Beginn des Zweiten Weltkriegs waren sie so wieder vom Naziterror bedroht, viele St.-Louis-Flüchtlinge starben später in den Konzentrationslagern.

S-/U-Bahn Landungsbrücken

Ehemaliges Abfertigungsgebäude der Landungsbrücken (→ S. 65) mit Uhrturm.

Moldauhafen → S. 121, E/F 11

Der Moldauhafen ist ein 30 000 qm großer Teil des Hamburger Hafens. Als 1919 der Versailler Vertrag zwischen dem Deutschen Reich und den Siegermächten des Ersten Weltkrieges unterschrieben wurde, verpflichtete sich Deutschland, der Tschechoslowakei über die Elbe einen Zugang zur offenen See zu gewähren. Im Jahr 1928 wurde deshalb das Hafenbecken südlich des Veddelhöft für 99 Jahre an die Tschechoslowakei verpachtet, 1993 ging die Pacht an die Tschechische Republik über. Bis 2002 wurde der Hafen noch von der Tschechoslowakischen Elbe-Schifffahrtsgesellschaft (ČSPL) genutzt. Für ihre Seeleute standen hier Freizeiteinrichtungen bereit, während ihrer Landgänge durften sie den Moldauhafen nicht verlassen. Inzwischen ist die ČSPL in Insolvenz gegangen, die stählernen Pontons liegen jetzt ungenutzt im Wasser und setzen Rost an. Der Pachtvertrag gilt allerdings noch bis 2028.

Am Moldauhafen; S 3/S 31 Veddel

Övelgönne → S. 118, A 5

Övelgönne, in der alten Schreibweise
auch »Oevelgönne«, war bis 1890 5
eine eigenständige kleine Land-

Die sogenannten Kapitänshäuser im Hamburger Stadtteil Övelgönne sind zum Teil mehrere Jahrhunderte alt und wurden lange Zeit von Schiffskapitänen bewohnt.

gemeinde. Schon früh erkannten die hier ansässigen Fischer, wie Geld auch ohne große körperliche Schufterei verdient werden konnte: Bereits im 18. Jh. boten sie den Seeschiffen ihre Dienste als Lotsen an, brachten die Pötte so sicher in den nahe gelegenen Hamburger Hafen und dann wieder elbabwärts hinaus in die Nordsee. 1745 gründeten sie die erste Lotsenbruderschaft; sie tagte im Haus 13.

Auch auf einem der in diesem Band beschriebenen Spaziergänge (→ S. 84) lässt sich das malerische Övelgönne erkunden, er führt vorbei an den pittoresken Kapitäns- und Lotsenhäusern mit ihren Erkern, Balkonen und Wintergärten. Ein Besuch lohnt sich besonders werktags. An sonnigen Wochenenden hingegen wird es für die Besucher schon mal eng – und für die Bewohner unangenehm: Die schmale Gasse verläuft nämlich zwischen den Häusern und den dazu gehörigen Gärten, sie sind zur Elbseite hin vorgelagert. Besonders sehenswert: die Häuser Nr. 65/66, 70-75, 88/89 und 88/100, 98/100. Sie zählen zu den ältesten und stammen noch aus dem 18. Jh.

Der ulkige Name der Siedlung bedeutet übrigens »Übelgunst«. Er ist in Norddeutschland häufiger zu finden und bezeichnet ein Gelände, das schlecht bebaut werden kann. Allerdings gibt es da noch eine andere Namensherleitung: »Übel gegönnt« (övel gönnt), so die Erklärung, hätten die Menschen im nördlich gelegenen Ottensen den Övelgönnern ihre flussnahe Wohnlage: Sie konnten so wertvolles Strandgut einsammeln und galten deshalb schon immer als wohlhabend – eine Einschätzung, die angesichts der Preise für Grundstücke mit Elbsicht heute noch genauso wie damals gelten dürfte.
Bus 112 Neumühlen/Övelgönne

Rosengarten → S. 118, A/B 5
Einst befand sich hier der Landsitz des Industriellen Johann Daniel Lawaetz. Er wurde – wie das Haus im benachbarten Donnerspark (→ S. 61) im Krieg bei einem Bombenangriff zerstört. Heute genießt man hier zwischen roten Rosen und grünen Rasenflächen einen tollen Blick auf den Containerterminal Waltershof.
Elbtreppe/Neumühlen; Bus 112 Neumühlener Kirchweg

6 Die Speicherstadt

Die denkmalgeschützte Speicherstadt galt einst als modernster Lagerhauskomplex der Welt.

Südlich des heutigen Zollkanals, dort, wo heute die Speicherstadt liegt, erstreckten sich bis Mitte des 19. Jh. zwei barocke Wohnviertel. Am Rande des Hafens lebten damals rund 16 000 Menschen auf den Fleetinseln, über Jahrhunderte hinweg zählten sie teilweise zu den besten Adressen Hamburgs.

Erst Zollfreiheit ...

Die Bürger der Hansestadt hatten beachtlichen Reichtum angesammelt, der Handel florierte. Vor allem war das der seit dem Mittelalter geltenden Zollfreiheit zu verdanken: Für den Import von Produkten ins Stadtgebiet mussten keine Einfuhrzölle gezahlt werden. Deutschland bestand zu jener Zeit aus vielen Kleinstaaten, die an ihren Grenzen jeweils eigene Zölle erhoben und damit den Handel teilweise empfindlich behinderten. Die Hamburger genossen also ein unschätzbares Privileg.

Im 19. Jh. schlossen sich die deutschen Länder nach und nach zu Zollvereinen zusammen, nur noch an deren Außengrenzen wurden dann standardisierte Abgaben erhoben. Durch geschickte Verhandlungen erhielt sich die »Freie und Hansestadt« ihren Status zunächst noch. Doch als 1871 das Deutsche Reich gegründet wurde, konnte auch Hamburg nicht mehr länger außen vor bleiben: Man schloss sich dem neuen, von Preußen geführten Nationalstaat an.

... dann Freihandelszone

Und Berlin gab sich allein damit noch nicht zufrieden – sondern verlangte auch den Anschluss der Stadt an das deutsche Zollgebiet. Der Hamburger Senat widersetzte sich, Reichskanzler Bismarck übte empfindlichen Druck aus, 1881 wurde endlich ein Kompromiss gefunden: Die Stadt würde ab 1888 dem Zollrecht des Reichs unterstehen, dafür aber das Privileg erhalten, eine Freihandelszone zu errichten. Dort sollten die Kaufleute ihre Importe weiterhin zollfrei lagern, veredeln und verarbeiten dürfen.

Der Bau der Speicherstadt

Die Schaffung der Freihandelszone setzte vor allem Baumaßnahmen im ganz großen Stil voraus: Bisher waren die Lager der Kaufleute über ganz Hamburg verstreut gewesen, jetzt mussten sie an einem Ort konzentriert werden. Also ließ man zwei komplette Stadtviertel abreißen: An ihrer Stelle sollte eine neue Stadt entstehen – eine Stadt aus Speichern. Die Bewohner von Kehrwieder und Wandrahm wurden umgesiedelt, unter ihnen kursierte der Spruch: »So leb denn wohl, Du altes Haus, der Zollanschluss trieb uns hinaus.«

Zwei Fleete baute man im Norden der heutigen Speicherstadt zum breiten Zollkanal aus. So konnten die Binnenschiffer den Freihafen umfahren. Zusätzlich stellte die Wasserstraße einen natürlichen Schutz vor Schmugglern dar. Brücken, die über den Zollkanal führten, sicherte man aufwendig. Die Speicher selbst entstanden in drei Bauabschnitten, bis 1927 wurden so 310 000 qm Lagerfläche geschaffen. Dampframmen trieben insgesamt 3,5 Millionen Eichenpfähle in den Marschboden, sie bilden bis heute das Fundament für die mächtigen Gebäude. Architektonisch lassen sich die Bauten übrigens der »Hannoverschen Schule« zuordnen: Diese neugotische Backsteinarchitektur war seit den 1860er-Jahren in ganz Norddeutschland weit verbreitet.

Und so funktionierte die Speicherstadt: Schuten, also kleine Transportschiffe, übernahmen die Waren von den großen Seeschiffen. Über die Fleete transportierten sie ihre Fracht bis zu den Speichern. An deren Giebeln waren Winden montiert, sie hoben die Güter direkt ins entsprechende Stockwerk. Diese Winden arbeiteten hydraulisch, das heißt mit Druck: Im Kesselhaus am Sandtorkai standen Dampfmaschinen. Sie trieben Pumpen an, die ihrerseits Wasser über ein 15 km langes Leitungsnetz zu den Speichern weiterleiteten. Dort setzt der Wasserdruck dann die Winden in Bewegung.

Dank solcher Systeme galt die Speicherstadt damals nicht nur als größter, sondern auch als modernster Lagerhauskomplex der Welt. Erst nach dem Zweiten Weltkrieg ersetzte man die hydraulischen Anlagen durch elektrische. Heute hat sich der Hafen flussabwärts verlagert, dort werden die Containerschiffe an den entsprechenden Terminals abgefertigt.

In die Speicherstadt sind inzwischen Konsulate, Museen, Medienunternehmen und Werbeagenturen gezogen.

Sandtorhafen → S. 89, b 2
Noch heute erinnert der Straßenname »Auf dem Sande« an die einstige Ödnis der Gegend: Jenseits der Festungsanlagen lag eine große, freie Insel aus Sand, erst im 19. Jh. siedelten sich Industriebetriebe an. Als die Dampfschifffahrt die alten Segler ablöste, wurden tiefere Hafenbecken benötigt, hier konnten sie angelegt werden: 1840 sahen erste Pläne einen Dockhafen wie in London vor: Schleusentore hätten die Elbe abgeriegelt, somit wäre man unabhängig von den Tidezeiten geworden. Zum Glück setzte sich diese Idee nicht durch. Stattdessen entstand 1866 am Sandtorkai eine moderne Anlage mit dampfbetriebenen Kaikranen, Eisenbahnanschluss und Lagerschuppen. Da man sich für einen offenen Tidehafen entschieden hatte, mussten zwar stets die Gezeiten berücksichtigt werden. Anderseits konnte man sich das teure und zeitraubende Schleusen der Schiffe sparen. Bis in die 80er-Jahre hinein wurden hier noch Autos verschifft, heute ist der Sandtorhafen Teil der neuen Hafen City. Seine alten Kaimauern wurden aufwendig saniert, dahinter neue Wohn- und Bürohäuser erbaut. Am Westende entsteht im alten Kaispeicher A die Elbphilharmonie (→ S. 62), im Osten liegt mit den Magellanterrassen der erste Platz der HafenCity. Ab Herbst 2008 werden hier am Traditionsschiffhafen Pontons, Brücken und Stege zu alten Segler und Schuten führen. Die Stiftung Hamburg Maritim setzt sich dafür ein, dass der Sandtorhafen zum zentralen Museumshafen in Hamburg wird.
Sandtorkai/Brooktor; Bus 3 Auf dem Sande

Speicherstadt → S. 89
→ MERIAN-Spezial, S. 68

St.-Pauli-Hafenstraße → S. 119, F 5
Unschwer zu erkennen sind die ehemals besetzten Häuser in der Hafenstraße an den weithin sichtbaren Graffitis. Anfang der 80er-Jahre hatten junge Leute die leer stehenden Häuser am Hafenrand bezogen – geduldet von der stadteigenen Wohnungsbaugesellschaft, der die Gebäude gehörten. Als diese die Gebäude später abreißen lassen wollte, eskalierte die Situation: Es kam zu Straßenschlachten mit der Polizei, zu Demonstrationen, schließlich setzte man sich an den Verhandlungstisch. 1988 kostete die Auseinandersetzung mit den Alternativen den damaligen Bürgermeister Klaus von Dohnány noch das Amt, eine Einigung wurde erst 1994 erzielt: Die Wohnungsgesellschaft verkaufte die Häuser an eine von den Bewohnern gebildete Genossenschaft.
Bus 112 St.-Pauli-Hafenstraße

Unternehmenszentrale der HHLA Bei St. Annen → S. 89, c 1
Schon bald nach dem Einzug der Hamburger Freihafen- und Lagerhaus-Gesellschaft in das Verwaltungsgebäude am Sandtorkai mangelte es dort an ausreichend Platz. Also wurde ein Neubau im spätgotischen Stil beschlossen: Mit den Arkaden, der Eingangshalle, dem Kreuzrippengewölbe und dem Uhrentürmchen erinnert es stark an vergleichbare Rathausgebäude jener Zeit, zum Beispiel an jene in München, Wien oder auch in Hamburg selbst. Die Speicherstadt untermauerte so auch symbolisch ihren Anspruch, eine eigene »Stadt aus Speichern« zu sein. Noch heute ist das Gebäude Sitz der Hamburger Hafen- und Lagerhaus AG (HHLA).
Bei St. Annen 1; Bus 3 Bei St. Annen

Verlagshaus Gruner + Jahr → S. 120, B 9
Am Baumwall, wo heute die Redaktionen von »Stern«, »Geo« und »Brigitte« ihren Sitz haben, standen nach dem Krieg noch jahrzehntelang provisorische Baracken: Vor dem Michel

sollte eigentlich die Ausfahrt für einen neuen Elbtunnel entstehen. Als sich die Stadtplaner dann in den 70er-Jahren besannen und die Unterführung einige Kilometer weiter flussabwärts bauten, kaufte Gruner + Jahr das Gelände auf, von 1987 bis 1990 entstand hier der neue Firmensitz. Die Architektur des Gebäudes mit seinen vielen Querspangen, den Bullaugen und den Stahlseilen soll an ein Kreuzfahrtschiff erinnern. Ab und zu werden im Foyer Ausstellungen gezeigt, die öffentlich zugänglich sind.

Am Baumwall 4; www.guj.de; U 3 Baumwall

Verwaltungsgebäude der HFLG am Sandtorkai → S. 89, c 2

Hinter der mit wildem Wein bewachsenen Backsteinfassade dieses burgähnlichen Gebäudes wurden einst die Geschicke der Speicherstadt gelenkt: Seit 1886 residierte hier die Hamburger-Freihafen-Lagerhaus-Gesellschaft – die Eigentümerin der Speicherstadt. An der Nordseite des Gebäudes erinnert eine Figur der Heiligen Anna, der Mutter Marias, an die St.-Annen-Kapelle. Sie stand bis 1869 an dieser Stelle und musste dann der neuen Speicherstadt weichen. Mit dem Wachstum des Hafens wurde auch das »Rathaus« der Freihandelszone schnell zu klein. Schon 1904 bezog die Gesellschaft den Neubau bei St. Annen.

Sandtorkai 1; Bus 3/6 Bei St. Annen, U 3 Baumwall

Wasserschlösschen → S. 89, d 1

Im kleinen, verwinkelten Haus auf der Inselspitze zwischen Holländischem Fleet und Wandsrahmfleet wohnten die Windenwärter. Sie waren als Techniker für die Wartung der hydraulischen Anlagen in der Speicherstadt verantwortlich. Ohne sie hätten die Lastzüge in den Speichern nicht funktioniert, und wenn diese ausfielen, stand der Warenverkehr still. Damit die Wärter im Notfall schnell zur Stelle waren, erhielten sie – ebenso wie Hausmeister und Schuppenvorsteher – ein Privileg: Sie durften im zollfreien Hafengebiet leben; das war sonst streng verboten.

Dienerreihe; U 1 Messberg

Seit den Hausbesetzungen der 80er-Jahre ist die Hafenstraße über Hamburg hinaus bekannt. Hinter den bunt bemalten Fassaden leben heute noch die Besetzer von damals.

Museen und Ausstellungen

Moderne Kunst und Miniatur Wunderland – der Hafen offeriert ein reiches Kulturangebot.

Pralles Programm: In den Deichtorhallen (→ S. 75), wo einst Obst und Gemüse verkauft wurden, finden heute Ausstellungen – wie hier zum Beispiel von Ernst Wurm – statt.

Natürlich ist der Hafen zuerst einmal ein kleines Paradies für Freunde der Schifffahrt: Ob im Museumshafen Oevelgönne, im zurzeit entstehenden (und schon geöffneten) Hafenmuseum, im Traditionsschiffhafen am Sandtorkai: Die alten Boote, Kräne und Schiffe lassen die Herzen von See- und Seh-Leuten höher schlagen. Auch Museumsschiffe wie der Segler Rickmer Rickmers und der Stückgutfrachter Cap San Diego sind aus dem Stadtbild nicht mehr wegzudenken, und im neu eröffneten Internationalen Maritimen Museum schildern Aquarelle, Fotos und Schiffsmodelle das Leben auf den Weltmeeren. Einen Eindruck vom Leben unter dem Wasser vermittelt das ausrangierte sowjetische U-Boot U-434.

Aber das Gebiet rund um den Hafen wartet auch mit anderen überraschenden Ausstellungen auf: So ist das Kunstmuseum in den Deichtorhallen mittlerweile weit über Deutschland hinaus bekannt. Zum Museumsstandort erster Klasse mausert sich jetzt vor allem die historische Speicherstadt: Oft übersehene Perlen sind das Afghanische Museum, das Gewürzmuseum und das Spielzeugmuseum. Die Massen strömen dagegen ins Gruselkabinett des Hamburg Dungeon oder ins Miniatur Wunderland – die weltweit größte Modelleisenbahn-Anlage erstreckt sich inzwischen sogar schon über zwei Stockwerke.

MERIAN-Tipp

8 Dialog im Dunkeln

Hier gibt es garantiert nichts zu sehen! Dafür aber viel zu erleben. In völlig abgedunkelten Räumen führen Blinde die Besucher durch eine Welt, die nur aus Düften, Winden, Temperaturen und Tönen besteht. Oft tasten sich die Gäste hilflos durch die absolute Finsternis, ihre Führer flitzen dagegen wieselflink durch die Ausstellungsräume. Auch im angeschlossenen Café ist es stockduster.

Alter Wandrahm 4; Tel. 3 09 63 40; U 1 Messberg; Di–Fr 9–17, Sa–So 11–19 Uhr; Reservierung 2–4 Wochen vorher Tel. 07 00 44 33 20 00; Eintritt 14 €, erm. 9 € → S. 89, d 1

Abwasser- und Sielmuseum

→ S. 119, F 5

Mit Abstand das skurrilste Museum in Hamburg: Erzählt wird hier nicht nur die 160-jährige Geschichte der Hamburger Abwasseranlagen. Die Ausstellung zeigt neben historischen Reinigungsgeräten vor allem jede Menge Fundstücke: Mitarbeiter der Hamburger Stadtentwässerung (HSE) haben schon Gebisse, Kinder- und Einkaufswagen, Röcke, Hosen, Schlüpfer, Strümpfe und Jacken, ja sogar eine Schubkarre aus den Abwasserfluten geborgen. Das Museum befindet sich im Hauptpumpwerk Hafenstraße am Zusammenfluss zweier alter Siele. Hier fließt rund ein Drittel des gesamten Abwassers der Hansestadt zusammen – um dann zum Klärwerk Köhlbrandhöft gepumpt zu werden. Vom Pumpwerk aus starten auch die Führungen, die das Museum anbietet. Höhepunkt dieser Rundgänge durch die Hamburger Unterwelt ist der Abstecher in die alte Bootskammer: Im 19. und frühen 20. Jh. wurden die Siele noch mit Hilfe von Schiffen kontrolliert. Bei ihren Besuchen in der Hansestadt ließen sich sogar die Kaiser Wilhelm I. und Wilhelm II. durch die stinkenden Abwasserkanäle rudern.

Bei den St.-Pauli-Landungsbrücken 49; Tel. 78 88 24 83; S-/U-Bahn Landungsbrücken; nach telefonischer Anmeldung Di/Do 10, 12 und 14, Mi 9.30 und 16, Sa 14 Uhr; Eintritt frei

Afghanisches Museum

→ S. 89, b 2

Immer wieder ist das Land am Hindukusch in den Schlagzeilen, von seiner reichen Kultur ist dabei aber kaum die Rede. Wer mehr wissen will, kann in der Speicherstadt das private Afghanische Museum besuchen. Schon seit 1998 zeigt es, wie traditionelle Teppiche geknüpft werden, Besucher schauen auch afghanischen Bäckern oder Schuhmachern bei ihrer Arbeit zu. Die Rolle der Religion in Afghanistan wird unter anderem durch Modelle von Minaretten und Moscheen dokumentiert, ein Modell der zerstörten Buddha-Statuen von Bamiyan ist ebenfalls ausgestellt.

Am Sandtorkai 32/1; Tel. 37 82 36; U 1 Messberg, U 3 Baumwall; tgl. 10–17 Uhr; Eintritt 3 €, erm. 2,50 €

Auswanderungsmuseum BallinStadt

→ S. 121, F 12

An der Stelle des früheren Hamburger Auswanderungszentrums wurde im Jahr 2006 ein Museum errichtet – rund 100 Jahre nachdem Albert Ballin an dieser Stelle die ersten Auswandererbaracken errichten ließ. In drei originalgetreu wieder aufgebauten Gebäuden sind die Geschichten jener Menschen dokumentiert, die ihrer Heimat für immer den Rücken kehrten.

Allein zwischen 1891 und 1914 wurden rund zwei Millionen Emigranten durch den Hamburger Hafen geschleust. Sie flohen vor politischer und religiöser Verfolgung – oder sie setzten sich aus wirtschaftlichen Gründen in die Neue Welt ab. Angesichts dieser Menschenmassen ließ Ballin, damals Generaldirektor der Hamburg-Amerikanische-Paketfahrt-Actien-Gesellschaft (HAPAG), wahre Massenunterkünfte auf der Elbinsel Veddel errichten.

Von seinem Vater hatte der Reeder ein Reisebüro für Auswanderer übernommen, auf seinen Frachtschiffen beförderte er die Emigranten dann nach Amerika. Ballin gründete immer mehr dieser Reisebüros, wurde bald Marktführer im Geschäft mit den Ausreisewilligen – und verhalf Hamburg so zu seiner Rolle als »Tor zur Welt«: In den Jahren zuvor waren die meisten Menschen über Bremen ausgewandert.

Die Ballinstadt eröffnete 1901. Ihre Baracken hatten einen eigenen

Einen Eindruck vom traditionellen Afghanistan erhält der Besucher des Afghanischen Museums (→ S. 73) in der Speicherstadt: Puppenstube aus geknüpften Teppichen.

Sprechende Puppen in zeitgenössischer Kleidung erzählen im Auswanderungsmuseum BallinStadt vom Wagnis, die Heimat für immer hinter sich zu lassen.

Gleisanschluss, so konnten die Züge mit den Auswanderern um die Stadt herumgeleitet werden. Auf dem Gelände befanden sich erst vier, später bis zu 18 Schlaf- und Wohnbaracken, außerdem zwei einfache Hotels, eine große Speisehalle, Wasch- und Sanitäreinrichtungen, eine Synagoge, eine überkonfessionelle christliche Kirche sowie ein Verwaltungsgebäude. Mindestens zwei Wochen lang hielt man sich hier, in der Ballinstadt, auf: 14 Tage vor ihrer Abfahrt mussten sich die Auswanderer in Quarantäne begeben, so verlangten es die Gesundheitsbehörden der USA.

Veddeler Bogen 2; Tel. 31 97 91 60; S 3/31 Veddel; Mo–So 10–18 Uhr; Eintritt 9,80 €, erm. 8,50 €

Cap San Diego ⇢ S. 120, B 9

7 Am 15. Dez. 1961 lief die Cap San Diego bei der Deutschen Werft AG vom Stapel. Für seine Größe war das Schiff damals mit 20 Knoten unwahrscheinlich schnell, es ist etwa 160 m lang und mehr als 20 m breit. In seinem Kühlraum transportierte der Stückgutfrachter hauptsächlich Bananen von Südamerika nach Hamburg, die Südfrüchte wurden über die schiffseigenen Kräne an und von Bord gebracht. Nur 120 Atlantiküberfahrten unternahm die Cap San Diego in ihrer vergleichsweise kurzen Dienstzeit. Doch schon in den 70er-Jahren galt sie als hoffnungslos veraltet: Das Zeitalter der Containerschiffe hatte begonnen. Seit 1986 liegt die Cap San Diego an der Überseebrücke, sie ist das größte noch seetüchtige Museumsschiff der Welt.

Überseebrücke; Tel. 36 42 09; U 3 Baumwall; tgl. 10–18, Funkbude Sa–So 11–17 Uhr; Eintritt 6 €, erm. 4 €

Deichtorhallen ⇢ S. 121, D/E 9

8 Die südlich des Hauptbahnhofs gelegenen Großmarkthallen entstanden in den Jahren 1911/12, ihre Dachkonstruktion zählt zu den technisch interessantesten Industriedenkmälern Hamburgs. Als der Markt 1962 nach Hammerbrook zog, verkaufte man hier zunächst noch Blumen, ab 1984 stand das Gebäude dann leer. Der Hamburger Unternehmer und Kunstmäzen Kurt A. Körber (1909–1992) stiftete schließlich die Renovierung, wechselnde Ausstellungen zeigen jetzt Design und zeit-

genössische Kunst. Das südliche der beiden Gebäude dient seit 2005 als Haus der Photographie.

Deichtorstr. 1; Tel. 32 10 30; www.deichtorhallen.de; U 1 Steinstraße; Di–So 11–18 Uhr; Eintritt 7 €

Deutsches Zollmuseum

⇢ S. 89, c 1

Das alte Zollamt an der Kornhausbrücke war noch bis zum Beginn des 20. Jh. der Sitz der Hafenzollbehörde. Später wurden hier Teppiche gelagert, seit 1992 beherbergen die historischen Gemäuer das Deutsche Zollmuseum. Zollkontrollen finden hier nicht mehr statt, seit 2002 liegt das Haus außerhalb der Grenzen des Freihafengebiets. Trotzdem wird im Untergeschoss noch immer die Arbeit des Zolls im Hamburger Hafen erklärt. Mannshohe, hohle Papierrollen sind zu sehen, sie dienten als Schmugglerversteck für Zigaretten. Schuhe und Taschen aus dem Leder bedrohter Tierarten werden ausgestellt, dazu Urkunden, Plagiate und Uniformen. Das Obergeschoss erzählt die Weltgeschichte des Zolls: vom babylonischen Zolleinnehmer bis zur Europäischen Union. Vor dem Museum liegt der Zollkreuzer »Oldenburg« vor Anker und kann ebenfalls besichtigt werden.

Alter Wandrahm 16; Tel. 30 08 76 11; Di–So 10–17 Uhr; Bus 3/6 Brandstwiete, U1 Messberg

HafenCity-Infocenter im Kesselhaus

⇢ S. 89, b 2

Einst stellten hier Dampfmaschinen die Energieversorgung der Speicherstadt sicher, heute gewährt das historische Kesselhaus einen Blick in die Zukunft: Ein riesiges Modell (Maßstab 1:500) zeigt, wie die entstehende HafenCity einst aussehen wird. Broschüren informieren über die verschiedenen Bauabschnitte, Quartiere werden vorgestellt, Zeitpläne skizziert. Wechselnde Ausstellungen informieren über die Geschichte des Gebiets oder die Ergebnisse aktueller Architekturwettbewerbe. Zur Geschichte des Gebäudes: → Kesselhaus, S. 64.

Am Sandtorkai 30; Bus 6 Auf dem Sande; Di–So 10–18 Uhr

Nichts für Schreckhafte: Hinter den Eingangstoren des Dungeon liegen dunkle Katakomben. Hier stellen Schauspieler Ereignisse aus 2000 Jahren Stadtgeschichte nach.

Die letzten Bauten der HafenCity werden erst 2025 fertiggestellt. Einen Eindruck von den Ausmaßen des neuen Stadtteils vermittelt das Modell im Kesselhaus.

Hafenmuseum im Aufbau

⋯› S. 121, D 11

9 Wer die komplexe Logistik des Hafens wirklich verstehen will, sollte das Hafenmuseum besuchen. Diese Außenstelle des Museums für Arbeit beantwortet viele Fragen: Wie geht ein Kakao-Sack von Bord? Wie kommt ein Schiff nach Hamburg? Und wie wird eine Schute geführt? Seit 1999 ist das Museum in einem alten Lagerschuppen aus dem Jahr 1908 untergebracht – ein einzigartiger Bau aus der Kaiserzeit. 600 ehrenamtliche Mitarbeiter führen die Besucher durch das Ausstellungsgelände, viele von ihnen haben früher selbst im Hafen gearbeitet. Originalwerkzeuge demonstrieren die Arbeit an den Kaianlagen und in den Speichern, sie lassen sogar längst ausgestorbene Berufe wieder lebendig werden. Ein anderer Teil der Ausstellung ist den Lotsen auf der Elbe und dem Schiffbau im Hamburger Hafen gewidmet. Besonderen Eindruck macht auch der alte Schwimmkran mit Kohledampfanlage – einmal im Monat werden die Kessel angeheizt, und in einer Schauvorführung werden Kisten emporgezogen.

Kaischuppen 50A, Australiastraße; Tel. 73 09 11 84; S 3/31 Veddel, Bus 256 Hafenmuseum; Ostern – Ende Okt. Di–So 10–18 Uhr; Eintritt 3 €, erm. 2,50 €

Hamburg Dungeon ⋯› S. 89, b 2

Wer schaurige Geschichten und schreckliche Katastrophen mag, ist im Hamburg Dungeon gut aufgehoben: Die Besucher dieses modernen Gruselkabinetts werden zum Beispiel zu Zeugen des Großen Brands von 1842: Sie sehen die Flammen, riechen den Rauch, hören, wie Menschen verzweifelt nach ihren Angehörigen rufen. Außerdem im Programm: die große Pest von 1348 und die Springflut von 1717. Sogar Störtebekers Exekution am 20. Okt. 1401 stellen die Schauspieler des Dungeon nach. Ob und wann die Sturmflut von 1962 in die Ausstellung aufgenommen wird, ist allerdings ebenso offen wie die Frage, ob Helmut Schmidt dann auch persönlich mit einer Mentholzigarette im Mund durch die Räume schlendern wird.

Kehrwieder 2; Tel. 36 00 55 00; U 3 Baumwall; tgl. 11–18 Uhr; Eintritt 17,95 €, erm. 16,95 €

Heine Haus im Heine Park

⇢ S. 118, B/C 5

In unmittelbarer Nachbarschaft zum Rosengarten (→ S. 67) liegt der Heine-Park: Zwischen alten Bäumen und für Hamburg typischen Sträuchern wie Azalee oder Rhododendron versteckt sich an der Elbchaussee 31 ein Gartenhaus. Es gehört, wie der Park, zum ehemaligen Landsitz des Bankiers Salomon Heine (1767–1844). Nach dem Großen Brand von 1842 unterstützte er mit seinem Vermögen wesentlich den Wiederaufbau der Stadt. Sein ehemaliger Landsitz ist mittlerweile zerstört, doch im Inneren des Gartenhäuschens erinnern Bilder, Fotografien und Schriftstücke an den berühmten Neffen des Bankiers: Heinrich Heine lebte von 1815 bis 1831 in der Hansestadt. Seit einigen Jahren wird das Haus als Außenstelle des Altonaer Museums für Sonderausstellungen und Veranstaltungen genutzt.

Elbchaussee 31; Bus 36 Susettestraße; nur bei Ausstellungen und Veranstaltungen geöffnet

Internationales Maritimes Museum

⇢ S. 89, d 2

Der älteste Speicher auf dem Gebiet der HafenCity erstrahlt in neuem Glanz: Wo ab 1878 Getreide in großen, hölzernen Silos lagerte, ist nun die Schifffahrts- und hafenhistorische Sammlung von Peter Tamm untergekommen. Der langjährige Vorstandsvorsitzende der Axel Springer AG betreibt auch das Wissenschaftliche Institut für Schifffahrts- und Marinegeschichte an der Elbchaussee in Hamburg-Othmarschen. Gezeigt werden im aufwendig restaurierten Kaispeicher jetzt Schiffsmodelle, Schiffsminiaturen, Konstruktionspläne, Gemälde, Grafiken, Aquarelle, Uniformen und Waffen. Insgesamt zählt die Sammlung mehr als 40 000 Einzelstücke, hinzu kommen rund 1,5 Mio. Fotos. Das Museum erhebt den Anspruch, zu den weltweit wichtigsten seiner Art zu zählen. Schon vor seiner Eröffnung Anfang des Jahres 2008 war das Projekt freilich alles andere als unumstritten: Obwohl das Haus privat betrieben wird, kam die Stadt für die 30 Mio. Euro teure Sanierung des Speichergebäudes auf – und stellte es der Museumsstiftung dann kostenlos zur Verfügung. Sammler Tamm, so die Skeptiker, habe sich hier mit Steuermitteln seinen Lebenstraum verwirklichen wollen. Weiterer wesentlicher Kritikpunkt: die starke Fokussierung der Sammlung auf maritime Militärgeschichte.

Koreastraße; Tel. 82 13 41; U 1 Messberg

Miniatur Wunderland Hamburg

⇢ S. 89, b 2

Der ehemaligen Block D der Speicherstadt wurde schon früh als Kulturspeicher »umgenutzt«, um die Jahrtausendwende zog dann das Miniaturwunderland ein. Seitdem steht hier eine der größten Modelleisenbahnen der Welt, schon bald soll die Anlage die Ausmaße eines Fußballplatzes erreichen. In sieben Abschnitten fahren derzeit rund 830 Züge mit 13 000 Wagons auf über 12 km Gleisen. Gesteuert werden die 900 Signale und 2200 Weichen von 40 Computern. 200 000 Miniaturfiguren wurden verbaut und ebenso viele Bäume. Im ersten Bauabschnitt waren die Alpen, der Harz und Süddeutschland dargestellt worden, später kamen Hamburg, Nordamerika und Skandinavien hinzu. Im November 2007 folgte die Schweiz mit ihrer Bergwelt, die sich hier über zwei Stockwerke ausdehnt. Zurzeit entsteht auch ein Flughafen. In der Nachbildung Hamburgs sind die St.-Pauli-Landungsbrücken mit dem alten Elbtunnel modelliert, außerdem Hagenbecks Tierpark und natürlich das Miniatur Wunderland selbst. Dort fährt die

kleinste Eisenbahn der Anlage: ein nur wenige Millimeter großer ICE, der durch das Fenster eines Modell-Speicherstadthauses zu sehen ist.
Kehrwieder 2; Tel. 36 09 11 57; Bus 3/6 Brooktor; tgl. 9–20 Uhr; Eintritt 10 €, erm. 8 €; eine Reservierung unter www.miniatur-wunderland.de erspart die langen Wartezeiten

Museumshafen Oevelgönne

⇢ S. 118, A 5

Anna schaukelt, und auch Elfriede und Helene wiegen sich im Rhythmus der Wellen. Die drei alten Segler liegen im Museumshafen Oevelgönne, direkt neben dem Dampfschlepper Tiger, dem Feuerschiff Elbe 3, dem Wasserschutzpolizeiboot Ottenstreuer und dem Eisbrecher Stettin. Alle Schiffe werden noch gefahren, sind deshalb nicht immer vor Ort. Vom Steg aus können die alten Schwimmgefährte jederzeit besichtigt werden. Wenn gerade eine Crew an Bord ist, lässt sie die Besucher oft auch gerne ins Innere der Schiffe eintreten.
Övelgönne 42; Tel. 41 91 27 61; Bus 112 Neumühlen, Fähre 61/62 Neumühlen; Besichtigung der Schiffe nach Vereinbarung; Eintritt frei

Prototyp

⇢ S. 89, d 2

Das denkmalgeschützte Gebäude einer ehemaligen Kammfabrik von 1904/06 ist ein altes Kleinod inmitten der Neubauten der HafenCity. Hier hat die Sammlung Prototyp ihre Heimat gefunden. Rund 40 klassische, sehr seltene Sportwagen und andere Automobile werden ausgestellt, vor allem Porsche-Modelle sind stark vertreten. Der Besucher unternimmt eine Zeitreise in die Pionierjahre des Automobilbaus, in die Zeit der Tüftler und Abenteurer. Von den Fahrzeugen wird erzählt, von Fahrern und Konstrukteuren, von tragischen Momenten und sagenhaften Triumphen. Einen weiteren Schwerpunkt stellt die Kunstsammlung dar: Hier sind industrielle Illustrationen zu sehen, außerdem Prototypzeichnungen, Rennplakate und die Arbeiten berühmter Motorsportfotografen. Bei einem Werkstattbesuch können die Besucher auch beobachten, wie aus rostigen Kotflügeln, ausgebeultem Blech

Bisher sind hier Städte und Regionen wie die Alpen, der Harz, Hamburg und Skandinavien zu bestaunen, weitere Landschaften sind im Miniatur Wunderland bereits in Planung.

und öligen Motorenteilen ein restaurierter Oldtimer entsteht.

Shanghaiallee 5; Tel. 39 99 69 68; U1 Messberg

Rickmer Rickmers

→ S. 120, A 9

1896 lief die Rickmer Rickmers als klassischer Dreimaster in Bremerhaven vom Stapel: Sie ist 97 m lang, 12,2 m breit und hat trotz ihres antiken Aussehens einen modernen Stahlrumpf. Benannt wurde das Schiff nach dem Enkel des Werftbesitzers. Zunächst setzte man es auf der Route Bremerhaven-China ein, im Jahr 1912 wurde die Rickmer Rickmers dann an Carl Christian Krabbenhöft verkauft: Der Hamburger Reeder machte damals ein Vermögen mit dem Import von Salpeter aus Chile. Fortan segelte die Rickmer Rickmers auf der Südamerika-Route, im Ersten Weltkrieg wurde sie allerdings von den Engländern gekapert und später den Portugiesen überlassen. 1930 erhielt sie zwei Diesel-Hilfsmotoren, die portugiesische Marine setzte die Rickmer Rickmers schließlich als Segelschulschiff ein. 1983 dann die Rückkehr nach Hamburg: Der Verein Windjammer für Hamburg e.V. kaufte den Segler. Als Museumsschiff umgebaut, wurde er an den Landungsbrücken festgemacht. Gezeigt wird jetzt im Inneren die Geschichte des Schiffes. Alte Fotos und Ausstellungsstücke dokumentieren die harte Arbeit der Seeleute an Bord.

Bei den St.-Pauli-Landungsbrücken 1; Tel. 3 19 59 59 ; S-/U-Bahn Landungsbrücken; tgl. 10–18 Uhr; Eintritt 3 €, erm. 2,50 €

Speicherstadtmuseum

→ S. 89, C 1

Teekisten stapeln sich hier, daneben Kautschukballen und Kaffeesäcke. In einem alten Lagerhaus zeigt das Speicherstadtmuseum typische Waren und Arbeitsgeräte aus vergangenen Tagen. Zwei Abteilungen widmen sich auch den Lagerarbeitern und ihren verschiedenen Berufen: Die Quartiersleute lagerten Importgüter ein, sie veredelten Rohware und begutachteten ihre Qualität. Die Ewerführer waren für den Transport der Waren auf den Wasserstraßen in der Speicherstadt zuständig. Auf Lastkähnen, den sogenannten Schuten,

Ein Erlebnis für alle Sinne: In Spicy's Gewürzmuseum in der Speicherstadt werden rund 50 verschiedene Gewürze vorgestellt.

transportierten sie Schütt- und Stückgut durch die Fleete. Regelmäßig werden Kaffee-, Kakao- und Teeverkostungen angeboten, Experten führen dabei in die Sortenkunde ein.

St. Annenufer 2; Tel. 32 11 91; Bus 3 Bei St. Annen, U 1 Meßberg; Di–So 10–17, im Sommer Sa–So 10–18 Uhr

Spicy's Gewürzmuseum

→ S. 89, b 2

Riechen, schmecken, tasten: 50 verschiedene Gewürze, ihre Wirkungen und ihre medizinische Anwendung werden hier in einem alten Speichergebäude erklärt. Die Ausstellung zeigt, wie etwa Senf, Kreuzkümmel oder Kardamom angebaut und geerntet werden, auch über Veredelung und Transport der kostbaren Körner wird aufgeklärt. Gewürze spielten in der Geschichte des Hamburger Hafens stets eine große Rolle, jahrhundertelang waren sie wertvoller als Gold. Noch heute werden die Kaufleute der Hansestadt schon mal wenig schmeichelhaft als »Pfeffersäcke« bezeichnet.

Am Sandtorkai 32; Tel. 36 79 89; Bus 3/6 bis Brooktor; Di–So 10–17 Uhr; Eintritt 3 €

Traditionsschiffhafen

→ S. 89, b 2

Der historische Sandtorhafen wird derzeit zu einem großen Traditionsschiffhafen umgebaut. An Schwimmpontons liegen hier zum Beispiel der stählerne Frachter Johanna, der Segelfischer Landrath Küster und der kohlebefeuerte Dampfer Schaarhörn. Von der Stiftung Hamburg Maritim wurden die Schiffe aus vergangenen Zeiten aufgekauft und restauriert – sie sind voll funktionstüchtig und besonders an den Sommerwochenenden oft auf der Elbe unterwegs. Der Stückgutfrachter Bleichen wird derzeit vom Verein aufgearbeitet, er soll ebenfalls wesentlicher Bestandteil des Museumshafens werden.

Sandtorhafen; www.stiftung-hamburg-maritim.de; U 3 Baumwall

MERIAN-Tipp

9 Spielzeugmuseum »Die Dachbodenbande«

Blechspielzeug, Puppen und Zinnsoldaten, Stofftiere, Seifenkisten und Fahrräder: Das Museum lebt von der Aura dieser alten Spielzeuge aus längst vergangenen Kindertagen. Bespielt, beschädigt, geliebt und irgendwann doch einfach vergessen. Auf einem alten Dachboden findet sie der Besucher hier in Truhen, Schubladen und Dosen wieder, eine Bande von sieben Stofftieren begleitet ihn dabei thematisch durch die Spielwelten. Im Winter kann man sich nach Anmeldung auch in Taschenlampenbegehungen durch die Ausstellung führen lassen.

Kehrwieder 4; Tel. 0 17/23 29 32 50; Bus 3/6 Brooktor; tgl. 10–18 Uhr; Eintritt 6 €, Kinder 3 €, Familien 12 €

→ S. 89, b 2

U-434 im Baakenhafen

→ S. 121, E 9

Die U-434 ist ein U-Boot der Tango-Klasse, sie war erst im Besitz der sowjetischen, später der russischen Marine. 1976 in der U-Bootwerft von Gorki erbaut, fuhr sie bis 2002 in der Nordmeerflotte. Sie gehört zu den größten nicht atomgetriebenen U-Booten der Welt. Ihre Außenhaut wurde mit einer Gummischicht ummantelt, so war sie vor feindlichem Radar geschützt: Vorwiegend nutzte man das Schiff für Spionageeinsätze. Der Rundgang durch das 90 m lange Boot vermittelt ein Gefühl für die Strapazen an Bord. Die Matrosen mussten direkt an ihrem Arbeitsplatz schlafen, sie teilten sich ihr Feldbett mit dem Kameraden der anderen Schicht.

Versmannstraße; Tel. 32 00 49 34; Bus 154 Zweibrückenstraße; April– Sept. Mo–Do 10–18, Fr–So 9–19 Uhr, Winter tgl. 10–18 Uhr; Eintritt 8 €, erm. 7 €

Spaziergänge und Abstecher

Eine geologische Attraktion stellt der Große Stein von Övelgönne, auch »Alter Schwede« genannt, dar. Er wurde 1999 bei Bauarbeiten in der Elbe entdeckt und stammt aus der Elster-Eiszeit, der ersten flächendeckenden Eiszeit in Nordeuropa.

So lässt sich der Hafen auf eigene Faust erkunden: Spaziergänge sind vor allem im dicht besiedelten Norden geeignet, Radtouren im noch industriellen Süden. Am schnellsten geht´s mit der Fähre voran.

Vom Baumwall bis Övelgönne – Einkaufen und Schlemmen inklusive

Charakteristik: Vom städtischen Hafenzentrum über die Design- und Schlemmermeile ins romantische Övelgönne; **Dauer:** 1/2 Tag; **Länge:** 5 km; **Einkehrmöglichkeit:** Zahlreiche gute Restaurants und gemütliche Cafés entlang der gesamten Route; **Karte:** ---> S. 120, B 9 – S. 118, A 5

Der Spaziergang führt Sie zu den wichtigsten Sehenswürdigkeiten im Hafen und ist besonders samstagvormittags zu empfehlen: Dann haben auch die Designerläden und Boutiquen zwischen Fischmarkt und dem Fischereihafen geöffnet. Dort wiederum kann man sich bei einem Fischbrötchen gut stärken. Ausgangspunkt ist die U-Bahnstation Baumwall.

Baumwall ---> Landungsbrücken

Früher hinderten hier am Baumwall nachts schwere Stämme die Schiffe daran, in den Hafen zu fahren oder ihn zu verlassen. Heute ist der Name Baumwall für viele Hamburger eng mit dem Namen Gruner + Jahr verbunden. Das silbrigfarbene Gebäude am Baumwall ist Hauptsitz des Unternehmens. Hier sind die Redaktionen der Verlagsflaggschiffe »Stern«, »Geo« und »Brigitte« ansässig. Die Uferpromenade ist gleichzeitig ein Wall gegen das Wasser: Nach der Großen Flut von 1962 errichtete die Stadt zwischen Zollkanal und Fischmarkt eine gewaltige Sturmflutschutzmauer aus Backstein. Unser Spaziergang führt auf dieser Mauer entlang, parallel zur U-Bahn, die zwischen 1906 und 1912 als Hochbahntrasse erbaut wurde. Vorbei an den Museumsschiffen Cap San Diego und Rickmer Rickmers geht es zu den 688 m langen Pontons der St.-Pauli-Landungsbrücken. Das Abfertigungsgebäude aus Tuffstein ist vielleicht *das* Wahrzeichen *des* Hafens. Ein Blick auf

Wahrzeichen des Hamburger Hafens: Das ehemalige Abfertigungsgebäude der St.-Pauli-Landungsbrücken (→ S. 65) wurde in den Jahren 1907 bis 1909 aus Tuffstein gebaut.

den Turm verrät nicht nur die Uhrzeit, sondern auch den Pegelstand der Elbe. Ein Leierkastenmann spielt hier unten am Elbwasser »La Paloma«, die Kapitäne der Hafenrundfahrten versuchen, ihre Touren zu verkaufen, hin und wieder legt eine Hafenfähre an. Dann übertönt ihr schriller Signalton das Kreischen der Möwen.

Landungsbrücken ···> Fischmarkt

Auf der Fußgängerbrücke zur S-Bahn Landungsbrücken drängen sich die Menschen oft dicht an dicht: Am Sonntagmorgen strömen sie zum **Fischmarkt**, abends schwärmen die Musicalliebhaber hier vom »König der Löwen«, die Touristen kommen sowieso rund um die Uhr wegen des Panorama- und Postkartenblicks.

Schon ein paar Schritte weiter flussabwärts erhebt sich dann die Kuppel des **Alten Elbtunnels**: Kunstkenner vergleichen das Gebäude mit dem Pantheon von Rom, Klaustrophobiker sehen in ihm den Eingang zur Hölle: Aufzüge gleiten von hier aus hinab zu den gekachelten Röhren, die vor über 100 Jahren als Wunderwerk der Technik gefeiert wurden – und noch heute die Besucher beeindrucken.

Der Spaziergang führt aber nicht in die Tiefe, sondern stattdessen weiter am Fluss und an der viel befahrenen St.-Pauli-Hafenstraße entlang: Rechts liegen jetzt ihre ehemals besetzten Häuser. Die Bewohner haben hier mehrere Cafés und Kneipen eröffnet, in den Abendstunden brennen im Sommer Grillfeuer. Links der Straße, am Ufer der Elbe, hat sich StrandPauli im Sommer als angesagter Szenetreff etabliert. Nach ein paar hundert Metern kommen Sie an der historischen Fischauktionshalle an. Sonntags morgens ziehen die Menschen hier zu Tausenden über den Fischmarkt, vorbei an den vielen Ständen der Händler: Aale und Blumen werden hier verkauft, aber auch Trödel und Zwergkaninchen genauso wie Staubsauger.

Fischmarkt ···> Fischereihafen

Von der Fischauktionshalle sind es nur noch wenige Schritte bis zum Stilwerk. Die alte Mälzerei wurde zu einem Design- und Lifestylekaufhaus umgebaut, unter anderem bieten verschiedene Läden hier Kitsch, Kunst und Möbel an.

Vom vielen Shopping werden Sie hungrig? Kein Problem, flussabwärts findet sich gleich hinter dem Stilwerk die Schlemmermeile Hamburgs. In den Hallen des ehemaligen Fischereihafens lagern frischer Fisch, Hummer, Kaviar, Krebse und Langusten. Verkostet werden die Köstlichkeiten vor Ort von angeschlossenen Imbissen und Restaurants. An der Ecke zur Carsten-Rehder-Straße haben sich mit der Haifisch-Bar (→ S. 46) und Zum Schellfischposten (→ S. 47) auch zwei urige Hafenkneipen erhalten.

Vogelgezwitscher, frische Luft und Ruhe findet man keine 10 m entfernt vom regen Treiben des Fischereihafens: Einige Treppenstufen oberhalb liegt der **Altonaer Balkon** – ein Park, von dem aus man einen schönen Blick auf die Köhlbrandbrücke und den Containerterminal Waltershof hat.

Fischereihafen ···> Övelgönne

Links des Wegs, also am Elbufer, öffnen im Sommer weitere Beachclubs: Feiner Sand, karibische Klänge und köstliche Cocktails lassen an lauen Sommerabenden das Hamburger Schmuddelwetter der Wintermonate in Vergessenheit geraten. Wer sich genug gestärkt hat, unternimmt noch einen kurzen Abstecher zum benachbarten **Dockland**: Das rund 30 m hohe, neu gebaute Bürogebäude sieht nicht nur wie ein Kreuzfahrtschiff aus, es scheint auch direkt aus dem Wasser zu wachsen. Sein Dach steht Besuchern offen, es bietet einen tollen Blick über den Fluss.

Der Spaziergang führt zurück auf die Große Elbstraße, auch hier finden sich verschiedene Beispiele zeitgenössischer Architektur: Minimalis-

Nicht nur wegen der Architektur bekannt: Vom Dach des Bürogebäudes Dockland (→ S. 61) bieten sich weite Blicke über die Elbe.

tisch-moderne Glas- und Betonbauten haben dem ehemaligen Hafenviertel ein neues Gesicht gegeben. Fast versteckt liegt dahinter noch ein Relikt aus alten Tagen: Durch den inzwischen gesperrten Schellfischtunnel wurden die angelandeten Waren unterirdisch zum Bahnhof Altona transportiert.

Für die Fortsetzung der Tour haben Sie jetzt zwei Möglichkeiten: Entweder Sie wählen die grüne Variante durch den Donnerspark und den Rosengarten – oder Sie gehen weiter am Wasser entlang, vorbei an noch mehr Glas- und Betonbauten – und einem der ausgefallensten Clubs der Stadt: In der Alpha Noble Ice Bar (→ MERIAN-Tipp, S. 41) herrscht sommers wie winters eine Temperatur von frostigen -5°. Barhocker, Tische und Tresen sind aus Eis, am Eingang gibt es Daunenjacken.

Dahinter ragt dann das Augustinum empor. Dieses ehemalige Kühlhaus wurde vor einigen Jahren zur Seniorenresidenz ausgebaut, an vier Nachmittagen in der Woche steht das Café des Wohnheims (→ Elbwarte, S. 30) auch der Öffentlichkeit zur Verfügung. Gleich hinter der benachbarten Buskehre beginnt die Lotsen- und Kapitänssiedlung **Övelgönne**, unterhalb am Wasser liegt der gleichnamige Museumshafen.

Wer hier in Övelgönne den Elbwanderweg betritt, lässt damit den urbanen Teil des Flussufers hinter sich. Am natürlichen Sandstrand und vorbei an der legendären Elbperle (→ S. 41) können Sie den Spaziergang bis nach Blankenese fortsetzen. Oder Sie lassen sich an einem der vielen schönen Plätzchen nieder – und erfreuen sich des Ausblicks auf die Elbe.

Alt trifft Neu – Eine Tour durch Speicherstadt und HafenCity

Charakteristik: An den alten Backsteinhäusern vorbei geht es zur größten Baustelle Europas; **Dauer:** 3 Stunden; **Länge:** 3 km; **Einkehrmöglichkeit:** Café im Kesselhaus (Am Sandtorkai 30, Tel. 36 90 17 99, Di–So 10–18 Uhr); **Karte:** → S. 89

Wo noch vor wenigen Jahren alte Hafenanlagen und Speicher verwitterten, entsteht zurzeit Hamburgs Neue Mitte: Die HafenCity ist die größte innerstädtische Baustelle Europas.

Niederbaumbrücke → Kesselhaus

Dieser Spaziergang beginnt an der Niederbaumbrücke – und damit unweit der U-Bahnstation Baumwall: Einst betraten hier Heerscharen von Ewerführern, Hilfskräften und Lagerarbeitern jeden Morgen den Freihafen. Die neuen Hafenarbeiter tragen jetzt Anzug und Krawatte: Werbeagenturen haben ihren Sitz ans Wasser verlegt, außerdem Handelsunternehmen, Internetfirmen und Konsulate.

Neben dem Zollkanal (er bildete bis 2002 die Zollgrenze) schlendern Sie zunächst an den typischen Backsteinspeichern vorbei. Vom Kehrwiedersteg aus lohnt sich dann der Abstecher in die Altstadt. Über eine schmale Fußgängerbrücke gelangt man in die historische Deichstraße: Hinter einer pittoresken Häuserzeile aus Backstein und Fachwerk verläuft hier der **Nikolaifleet**, die Keimzelle des Hamburger Hafens.

Zurück in der Speicherstadt führt die Route zum sogenannten Museumsblock, dem Block D des Lagerhauskomplexes. Vor dem Miniatur Wunderland stehen die Menschen meist Schlange. Wer die lange Wartezeit scheut, kann ja mal nebenan im Spielzeugmuseum und dem Hamburg Dungeon vorbeischauen.

Die Speicherstadt (→ MERIAN-Spezial, S. 68) ist der weltweit größte zusammenhängende Lagerhauskomplex. In den schönen Backsteinbauten lagern noch heute Teppiche.

Gleich dahinter liegt das Kesselhaus, es stellt Hamburgs Zukunft aus: Sein Innenraum beherrscht ein riesiges Modell der neuen HafenCity. Auf der gemütlichen Terrasse vor dem Infocenter kann man die Aussicht auf die alten Speicher genießen. Früher ratterten hier übrigens die Dampfmaschinen, sie trieben die Hydraulik der gesamten Speicherstadt an.

Kesselhaus ···> Bei St. Annen

Der Sandtorkai trennt die historische Speicherstadt von der HafenCity, dem neuen Hamburger Stadtteil. Sie folgen der gleichnamigen vierspurigen Straße bis zum Großen Grasbrook, in den Sie dann einbiegen. So erreichen Sie die **Magellanterrassen**, den ersten Platz in der HafenCity. Von hier aus schaut man auf den Sandtorhafen sowie den Sandtorkai und den Dalmannkai, die ersten fast fertigen Quartiere in der HafenCity. An der Mündung des Hafenbeckens wird gerade Hamburgs neues Wahrzeichen gebaut: die **Elbphilharmonie**.

Die Magellanterrassen in der neuen HafenCity, benannt nach dem portugiesischen Seefahrer Ferdinand Magellan.

Weiter südlich, auf der anderen Seite des Dalmannkais, liegt mit den **Marco-Polo-Terrassen** der zweite große Platz des Gebiets. Nun sind es nur noch wenige Schritte bis zum Cruise Terminal. Dieser provisorische Bau fertigt die immer öfter nach Hamburg hineinfahrenden Kreuzfahrtschiffe ab. Für den Aufstieg zur Aussichtsplattform des benachbarten View Point entschädigt ein schöner Blick über Hafen, HafenCity und Speicherstadt.

Die Route führt zurück zur Speicherstadt, zunächst wieder den Großen Grasbrook entlang, dann bis zum Pickhuben: Hier zählt der pittoreske Innenhof des Blocks H zu den Geheimtipps des Gebiets, er liegt genau gegenüber der Kaffeebörse. Über die Pickhubenbrücke gelangen Sie jetzt zum Kannengießerort und zur Unternehmenszentrale der HHLA, dem prächtig-verspielten »Rathaus« der Speicherstadt.

Bei St. Annen ···> Oberbaumbrücke

Vom St.-Annen-Ufer biegt die Route des Spaziergangs anschließend links ab in Richtung Kornhausbrücke, auch bis zum **Alten Wandrahm** ist es nicht mehr weit. Das Deutsche Zollmuseum erzählt dort die Geschichte des Zolls – und zwar von babylonischen Zeiten bis zur Europäischen Union. Vor dem Gebäude schaukelt die Oldenburg im Wasser. Das ausrangierte Zollschiff ist eine besonders bei Kindern beliebte Attraktion des Museums. Stacheldraht und Zäune umgeben noch die gegenüber gelegene Zollstation, seit der Verlagerung der Freihandelszone im Jahr 2003 wird sie aber nicht mehr benutzt.

Über den Alten Wandrahm kommt man dann zunächst zur Poggenmühlenbrücke, danach zur Oberbaumbrücke, dem Ziel dieser Tour. Mit dem Taxi lässt sich noch ein Abstecher zur U-434 im Baakenhafen unternehmen: Das sowjetische Unterseebot ist allemal einen Besuch wert, aber etwas abseits gelegen.

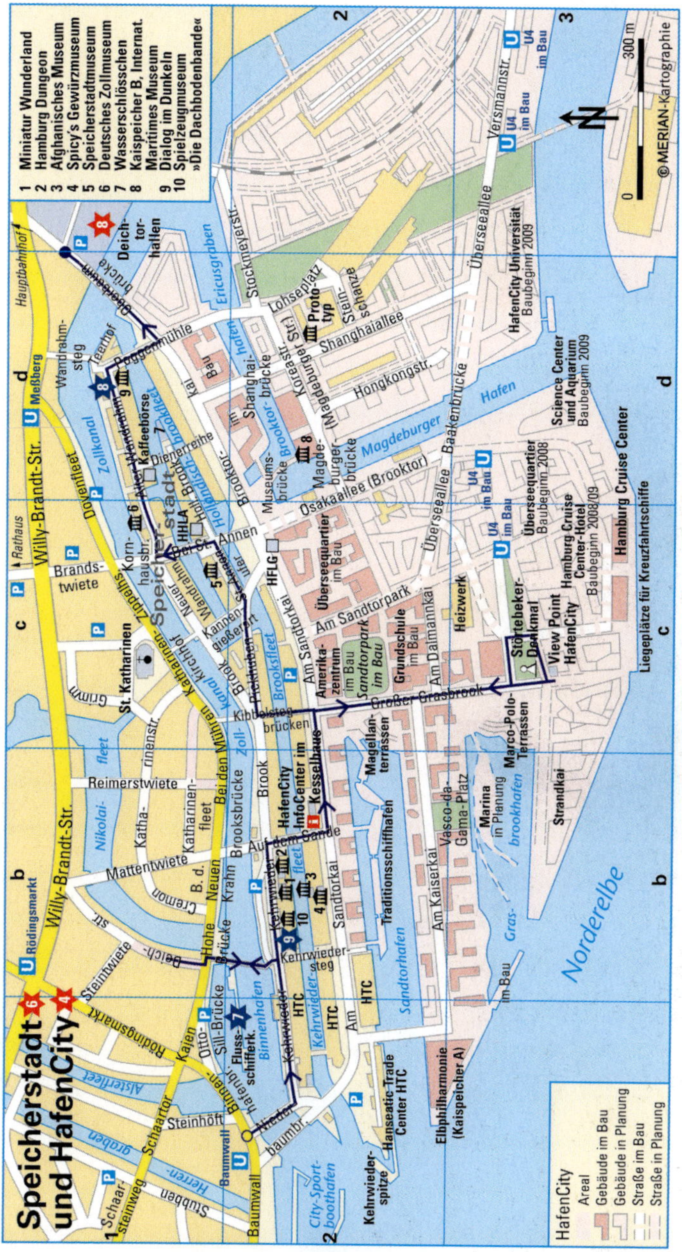
Speicherstadt und HafenCity
1 Miniatur Wunderland
2 Hamburg Dungeon
3 Afghanisches Museum
4 Spicy's Gewürzmuseum
5 Speicherstadtmuseum
6 Deutsches Zollmuseum
7 Wasserschlösschen
8 Kaispeicher B, Internat. Maritimes Museum
9 Dialog im Dunkeln
10 Spielzeugmuseum »Die Dachbodenbande«
HafenCity
Areal
Gebäude im Bau
Gebäude in Planung
Straße im Bau
Straße in Planung
300 m
© MERIAN-Kartographie
Willy-Brandt-Str.
Rödingsmarkt
Meßberg
Rathaus
Hauptbahnhof
Speicherstadt
Zollkanal
Binnenhafen
Kehrwiederfleet
Sandtorhafen
Grasbrookhafen
Magdeburger Hafen
Norderelbe
Elbphilharmonie (Kaispeicher A)
Hanseatic Trade Center HTC
HafenCity InfoCenter im Kesselhaus
Überseequartier
Am Sandtorkai
Großer Grasbrook
Magellan-Terrassen
Marco-Polo-Terrassen
Vasco-da-Gama-Platz
Traditionsschiffhafen
Dalmannkai
Am Kaiserkai
Strandkai
Überseeallee
Osakaallee (Brooktor)
Shanghaiallee
Hongkongstr.
Versmannstr.
Baakenbrücke
Lohseplatz
Ericusgraben
Deichtorhallen
Oberbaumbrücke
Poggenmühle
St. Katharinen
Kaffeebörse
HHLA
HFLG
Störtebeker-Denkmal
View Point HafenCity
Science Center und Aquarium Baubeginn 2009
HafenCity Universität Baubeginn 2009
Hamburg Cruise Center-Hotel Baubeginn 2008/09
Hamburg Cruise Center
Liegeplätze für Kreuzfahrtschiffe
Überseequartier Baubeginn 2008
Grundschule im Bau
Sandtorpark im Bau
Amerika-zentrum
Heizwerk
Marina in Planung
Kehrwiederspitze
City-Sportboothafen
Baumwall
Niederbaumbr.
Flussschifferk.
Sill-Brücke
Otto-Sill-Brücke
Hohe Brücke
Reimerstwiete
Mattentwiete
Brandstwiete
Dovenfleet
Brooksbrücke
Kibbelstegbrücken
Kornhausbr.
Wandrahmsteg
Teerhof
Magdeburger Brücke
Brooktorbrücke
Stockmeyerstr.
Koreastr.
Prototyp
Steinschanze
Elbphilharmonie
U4 im Bau

10 Kostengünstig auf dem Wasser – Eine Fahrt mit den Elbfähren durch den Hafen

Charakteristik: Mit dem Tagesticket des HVV kann man für wenig Geld übers Wasser schippern, eine gute Alternative zu den viel teureren Hafenrundfahrten! **Dauer:** 2–3 Stunden; **Einkehrmöglichkeit:** Restaurants und Imbisse an der Haltestelle Dockland und in Finkenwerder; **Karte:** ⇢ Linie 73: S. 120, A 9; Linie 61: S. 119, F 5; Linie 62: S. 118, C 5; Linie 64: S. 116, A 2

Diese Tour beginnt – wie sollte es anders sein – an den Landungsbrücken: Sie nehmen eine Fähre der **HADAG-Linie 73** in Richtung Argentinienbrücke. Rechts, also an Steuerbord, sehen Sie zunächst die Docks 10 und 11 der bekannten Werft Blohm + Voss, dahinter dann das Theater im Hafen, hier hält allabendlich der »König der Löwen« seine Audienz. An Backbord sind die Museumsschiffe Rickmer Rickmers und Cap San Diego zu sehen, dahinter das große Verlagshaus Gruner + Jahr.

Der nächste Halt der Linie ist die Norderelbstraße, danach biegt das Schiff in den Reiherstieg ein. Links sieht man nun das Schmierölwerk der Shell Deutschland, rechts die Anlagen der Bundesmarine. An der Argentinienbrücke wendet die Fähre, auf dem Rückweg zu den Landungsbrücken macht sie aber noch einen Abstecher zur Anlegestelle Arningstraße. Dieser Abschnitt der Strecke bietet einen guten Blick auf die Elbphilharmonie und die übrigen Baustellen der HafenCity.

HADAG 61 ⇢ Köhlbrandbrücke

Zurück an den Landungsbrücken steigen Sie in die **Fähre 61** um. Achtung! Sollten Sie während der Tour einen Zwischenstopp einlegen wollen: Auf dieser Linie fahren die Schiffe verhältnismäßig selten – und sie halten nur auf Zuwinken. Zunächst tuckert die Fähre jetzt elbabwärts, vorbei am StrandPauli und der St.-Pauli-Hafenstraße (Steuerbord). An der Haltestelle Altona macht die Fähre unweit der Fischauktionshalle fest, dahinter liegt die alte Malzfabrik, das heutige Stilwerk. Weiter fährt sie im Fahrwasser der großen Pötte, vorbei an den eierförmigen Türmen des Klärwerks Köhlbrandhöft (Backbord). Rechts sehen Sie nun die Beachclubs und den Fischereihafen. Das Schiff hält am Dockland, quert den Fluss und fährt in den Köhlbrand hinein. An Steuerbord erheben sich hier die Containeranlagen des Terminals Waltershof, vor dem Bug ragt die Köhlbrandbrücke in den Himmel. Nach einem Stopp in Waltershof überquert die Fähre den Köhlbrand. Dabei sehen Sie rechts den Kohlehafen, auf der anderen Flussseite die großen Getreidesilos. Wer den Freihafen erkunden will, sollte jetzt in Neuhof aussteigen.

HADAG 62 ⇢ Finkenwerder

Mit dem nächsten Schiff geht es wieder zurück zum Dockland, hier wechselt man auf die **Linie 62**. Sie fährt weiter elbabwärts und passiert Övelgönne (rechts). Am Bubendayer Ufer endet der Hafen, die Fähre umschifft das alte Lotsenhaus und fährt in den Köhlfleet ein. Finkenwerder ist erreicht, ein sehr ländlicher Stadtteil Hamburgs – an den sich allerdings das riesige Airbus-Gelände unmittelbar anschließt. Die Tour endet hier: Mit der Linie 62 gelangen Sie wieder zu den Landungsbrücken. Wer sich in Finkenwerder ein bisschen umschauen möchte, dem sei der Museumshafen am Köhlfleet-Hauptdeich empfohlen: Hier kann man den Hochseekutter Landrath Küster besichtigen. Für eine Verlängerung bietet sich noch die **Fähre 64** an, sie setzt wieder ans andere Elbufer über – und macht dann in Teufelsbrück fest.

Den Freihafen entdecken – Eine kleine Radtour

Charakteristik: Erleben Sie Speicherstadt und HafenCity, Industrieanlagen und den Alten Elbtunnel vom Fahrrad aus; **Dauer:** 2–3 Stunden, zu Fuß 1/2 Tag; **Länge:** 10 km; **Einkehrmöglichkeit:** Veddeler Fischgaststätte (MERIAN-Tipp, S. 91); **Karte:** ····› S. 121, D 9 – S. 120, A 9

Die Tour eignet sich auch als Spaziergang – allerdings sind die langen Straßen im Freihafen auf Dauer wenig abwechslungsreich.

Landungsbrücken ····› Hafenmuseum im Aufbau

Der erste Teil dieser Tour entspricht bis St. Annen dem Spaziergang »Alt trifft Neu« (→ S. 87). Von der Unternehmenszentrale der HHLA fahren Sie dann am Brooktor entlang, vorbei am Museum Prototyp, danach über die Baakenbrücke und bis zur Versmannstraße. Hier liegt die **U-434**, ein ausgemustertes U-Boot der Roten Armee, das es im Kalten Krieg angeblich sogar unentdeckt bis in den New Yorker Hafen geschafft haben soll und nun leider etwas abgelegen von den großen Touristenströmen auf einen besseren Liegeplatz wartet.

Am Ende der Straße ist die Zollgrenze erreicht, unsere Route biegt nun rechts ab, sie führt über die Freihafenbrücke in den **Moldauhafen.** Mit dem Versailler Vertrag wurde er an die Tschechoslowakei verpachtet, heute verrotten die Pontons allmählich, die Betreiberfirma hat vor ein paar Jahren Insolvenz angemeldet. Jetzt radeln Sie auf der Dessauer Straße weiter und gelangen so zum Veddeler Damm, das Hafenmuseum im Aufbau ist hier schon ausgeschildert.

Veddeler Damm ····› Landungsbrücken

Vorbei an Industrieanlagen geht es nun am Veddeler Damm entlang. Auf der Argentinienbrücke lohnt sich ein Stopp: Über das Wasser des Reiherstiegs bietet sich ein toller Blick auf den Michel. Unsere Route folgt dem Reiherdamm, führt vorbei an den Silos der Märka Getreide AG, lässt die Werftanlagen von Blohm + Voss links liegen und kommt schließlich am Alten Elbtunnel an. Radfahrer können sich zwar auch mit dem Fußgängerlift hinab in die Tiefe tragen lassen, eindrucksvoller ist aber die Mitfahrt in einem der klapprigen Autoaufzüge. Auf der anderen Seite des Tunnels entsteigen Sie der Unterwelt – und sind so an den Landungsbrücken angekommen. Mit dem Rücken zur Elbe liegt die gleichnamige U- und S-Bahnstation ein paar hundert Meter weiter rechts.

MERIAN-Tipp

10 Veddeler Fischgaststätte

In der Nähe des Moldauhafens befindet sich eine der letzten Hafenarbeiterkantinen im Stil der 60er-Jahre. Die alte Astra-Werbung an der Fassade verrät schon: Hier ist die Zeit stehen geblieben – erstklassige und vor allem ehrliche Küche! Irreführend sind nur die Namen der Speisen: Mit dem Baby-Fischfilet stillt man auch den großen Hunger, vom kleinen Fischfilet wird ein Pärchen satt, vom großen Fischfilet eine ganze Familie. Sie finden dieses Relikt in der Tunnelstraße: Hinter der Freihafenbrücke führt die Rampenstraße zunächst hinab und dann links durch einen Tunnel hindurch. Das weiße Gebäude steht im Schatten mehrerer Bäume hinter dem Zollzaun.

Mo–Fr 11–18 Uhr ····› S. 121, F 11

Mit dem Rad übers Wasser – Durch den Freihafen bis nach Finkenwerder

Charakteristik: Die Radrundfahrt führt durch die Hafenanlagen ins idyllische Moorburg und nach Finkenwerder. Von dort fährt eine Fähre zurück zu den Landungsbrücken; **Dauer:** 2–5 Stunden; **Länge:** Radstrecke knapp 30 km; **Einkehrmöglichkeit:** Etwa auf halber Strecke gibt es in Moorburg zwei Gaststätten, in Finkenwerder ist die Auswahl größer; **Karte:** ···> S. 117, D 1

Sie beginnen die Tour an den Landungsbrücken – und legen die ersten 430 m Ihrer Fahrt unterirdisch zurück: Aufzüge tragen Sie hinab in den Alten Elbtunnel, durch die rechte Röhre gelangen Sie auf das andere Ufer des Flusses. Dort angekommen führt unsere Route den Reiherdamm entlang, vorbei an den rechts des Wegs gelegenen Docks von Blohm + Voss. An der Argentinienbrücke stellt ein Radweg die Verbindung zum Rossdamm her, er überquert auch die Ellerholzbrücke.

Hinter der Wache der Wasserschutzpolizei verläuft der Radweg weiter am Ufer des Travehafens, er mündet seinerseits in das Röloffufer. Von dort aus zweigt rechts die Breslauer Straße ab. Die **Köhlbrandbrücke** ist zwar für Radfahrer gesperrt, man kann aber ein Stück weit parallel zur Rampe fahren und dann in den Roßweg einbiegen. Rechts liegen im Roßhafen riesige Schrottberge, sie werden hier verschifft. Links befinden sich die Containerlager des Tollerort-Terminals. Am Vulkanhafen beginnt Privatgrundstück.

Verlassen Sie den Freihafen durch den Fußgängerweg am Zollhaus. Direkt hinter dem Zaun wird es wild-romantisch: Bäume wiegen ihre Blätter im Wind, ein kleiner Steg führt hinunter zum Fähranleger am Köhlbrand. Wer schon genug hat, kommt von hier aus mit den Schiffen der Linie 61 zurück zu den Landungsbrücken (nur werktags!).

Doch die Tour geht noch weiter: Sie radeln erst den Köhlbranddeich entlang, dann unter der Brücke hindurch auf die Nippoldstraße. Nach weiteren 2 km ist der Neuhofer Damm erreicht. Links sehen Sie nun die Zollstation, die Grenze des Freihafens.

Neuhofer Damm ···> Moorburg

Der Rethedamm führt jetzt auf die gleichnamige Hubbrücke. Dahinter beginnen die Gleisanlagen der Hohen Schaar, auf dieser Insel befindet sich eine der größten Raffinerien Deutschlands. Rechts fahren Sie auf den Kattwykdamm, der zur **Kattwykbrücke** führt. An ihren 70 m hohen Endportalen kann sie um 46 m angehoben werden. In der Regel geschieht das zur vollen Stunde: Während der Schiffsverkehr dann freie Fahrt hat, wird der Straßenverkehr für etwa 20 Minuten unterbrochen. Die Kattwykbrücke ist – bezogen auf ihre Hubhöhe – die größte Hubbrücke weltweit.

Links lassen Sie noch ein paar Anlagen der Shell liegen, dann biegen Sie rechts in den Moorburger Elbdeich ein – und schlagartig ändert sich die Landschaft: Hinter dem Deich ist nichts mehr zu sehen von Hafen und Industrie. Saftige Wiesen, idyllische Kanäle und kleine Backsteinhäuschen prägen das Bild: **Moorburg** ist erreicht. Bis zur Eingemeindung Harburgs im Jahr 1937 war das Dorf der einzige Hamburger Stadtteil südlich der Elbe. Moorburg ist ein lang gezogenes Straßendorf. Nur rund um die Dorfkirche hat sich ein kleines Zentrum gebildet, St. Maria-Magdalena wurde schon 1597 geweiht. Gönnen Sie sich eine kleine Pause in einer der beiden Gastwirtschaften. Mit den Bewohnern kommt man schnell ins Gespräch.

Moorburg ⇢ Finkenwerder

Der Moorburger Elbdeich führt unter der Bundesautobahn 7 hindurch und kreuzt dann die Waltersdorfer Straße. Biegen Sie hier rechts ein, vorbei am links gelegenen Hafenbahnhof Süderelbe. Wiederum rechts, jenseits der Autobahn, sehen Sie den Containerterminal **Altenwerder**. Ihm musste das gleichnamige Dorf weichen, nun ist hier seit 2002 die weltweit modernste Abfertigungsanlage für die genormten Kisten in Betrieb.

Sie erreichen die Finkenwerderstraße, in die Sie links einbiegen. Wieder wird die Umgebung etwas ländlicher. Beim Auen-Hauptdeich befinden sich sogar einige Apfelbaumplantagen – das Alte Land, eines der größten Obstanbaugebiete Deutschlands, beginnt unweit von hier. An der Tankstelle am Ortseingang von Finkenwerder mündet die Route schließlich in ein Wohngebiet. Die Straßennamen: Auedeich, dann rechts Hauptdeich Aueinsel und Köhlfleet. Nehmen Sie zuletzt rechts die Benitstraße, so erreichen Sie den Fähranleger Finkenwerder.

Fähranleger Finkenwerder ⇢ Landungsbrücken

Fahrräder können mit den Elbfähren kostenlos mitgenommen werden. Die Fahrt beginnt im Köhlfleet, dem westlichsten Hafenbecken. Die Fähre umschifft erst ein altes Lotsenhaus und fährt dann elbaufwärts. Links, also an Backbord, liegt die Lotsen- und Kapitänssiedlung Övelgönne. Am Strand sehen Sie vielleicht den kleinen Kiosk Elbperle, an manchen Sommertagen bilden sich hier wahre Menschentrauben. Unter dem Museumshafen verläuft übrigens der Neue Elbtunnel. Hinter Övelgönne passiert die Fähre das Augustinum, ein ehemaliges Kühlhaus in exklusiver Lage, heute wohnen hier Senioren. Rechts sind dann die eierförmigen Faultürme des Klärwerks zu sehen, links das moderne Bürogebäude Dockland mit seiner Aussichtsplattform. Die Fähre schippert weiter vorbei an den Docks und der Fischauktionshalle, schließlich kommt sie an den Landungsbrücken an – wo diese Tour endet.

Finkenwerder kann man bequem mit dem Rad oder dem Bus erreichen. Sehr schön – und preiswert – ist auch die Anfahrt mit der Fähre.

Werften

Weltweit bekannte Schiffe wurden und werden in Hamburg gebaut – oder zumindest gewartet.

Hamburg ist seit vielen Jahrhunderten auch eine Stadt der Werften. Im Mittelalter schon bauten die Menschen an der Elbe ihre Koggen, Jollen und Kähne. Freilich war die Bedeutung Hamburgs für den Schiffbau damals nicht vergleichbar mit der anderer Hansestädte wie Amsterdam, Danzig oder Lübeck: Die Elbe war ein sandiger Fluss, in den Werften musste der Zugang zum Wasser immer wieder freigeschaufelt werden. Erst in der Neuzeit, als nicht nur die Schiffe größer wurden, sondern auch die Elbe beherrschbarer, siedelten sich größere Schiffbauerwerkstätten an. Zum Beispiel am Rande des Obstanbaugebietes Altes Land: 1635 begann Carsten Sietasch mit dem Bau von Kuttern und Holzbooten an der Este, einem kleinen Nebenfluss der Elbe. Die Familie Sietasch heißt mittlerweile Sietas. Die gleichnamige Werft in Hamburg Neuenfelde leitet sie noch immer – in der neunten Generation.

In der Zeit der Industrialisierung siedelten sich weitere Schiffsbauer an: Stückelen & Sohn, die Schlieker-Werft und die Deutsche Werft. Sie alle gingen unter oder wurden von einem mächtigen Konkurrenten aufgekauft, der noch heute das Hafenbild prägt: Im Jahr 1877 gründeten Hermann Blohm und Ernst Voss ihre Schiffswerft und Maschinenfabrik Blohm + Voss. Auf der Elbinsel Kuhwerder, dem Stammsitz des Unternehmens, weideten damals noch Schafe und Rinder.

Legendäre Schiffe

Heute sind in Hamburg insgesamt rund 3000 Werftarbeiter beschäftigt. Blohm + Voss gehört zum Großkonzern ThyssenKrupp und hat sich auf drei Geschäftsfelder konzentriert: Groß-Jachtenbau, Marinetechnik und Reparatur-Service. Rund um die Uhr, an sieben Tagen der Woche, wird in den Reparaturdocks gearbeitet – fast immer liegt dort ein Schiff. Die Schwimmdocks 10 und 11 gegenüber den Landungsbrücken sind von weither sichtbar und prägen das Bild

des Hafens. Im Trockendock 17 werden regelmäßig die berühmtesten Kreuzfahrtschiffe inspiziert: Die Queen Mary 2 lag hier schon auf Kiel und die Freedom of the Seas – das größte Passagierschiff der Welt.

Doch das eigentliche Werftgelände befindet sich hinter dieser Kulisse. Hinter dem Ausgang des Alten Elbtunnels gewinnt der Spaziergänger einen Eindruck von der wahren Größe dieses Unternehmens, eine Stadt aus Docks und Werkshallen, in der legendäre Schiffe gebaut wurden: die Gorch Fock zum Beispiel oder die Wilhelm Gustloff.

Auch ein anderes Schiff stammt aus Hamburg: die Carin II. Sie wurde 1937 in der längst untergegangenen Werft Hermann Heidtmann für 1,3 Millionen Reichsmark gebaut. Auftraggeber war Reichsmarschall Hermann Göring. An Bord lud der designierte Nachfolger Hitlers, empfing Generäle und Wirtschaftsvertreter zu Kaffee und Kuchen. Göring nutzte die Carin II zwar nur etwa zwei Jahre lang, aber einige Jahrzehnte später sollte sie noch einmal berühmt werden: Der »Stern«-Reporter Gerd Heidemann kaufte das Schiff 1976 und landete den großen Coup. 1983 präsentierte der »Stern« Hitlers vermeintliche Tagebücher, die größte Ente in der Pressegeschichte – in Helmut Dietls für den Oscar nominiertem Film »Schtonk« traumhaft verarbeitet.

Luxusjachten

Heute laufen zwar nicht mehr die ganz großen Schiffe vom Stapel. Aber die Hamburger Werften haben es verstanden, ihre (gar nicht mal so kleine) Nische im Markt zu besetzen: Sie bauen Hochtechnologie, Qualität und Luxus. Die Sachsen beispielsweise, eine Fregatte zur Luftverteidigung, gilt als eine der modernsten ihrer Art weltweit. Gebaut wurde sie bei Blohm + Voss.

Und auch der russische Ölunternehmer, Fußballmäzen und Multimilliardär Roman Abramowitsch zählt zu den Kunden der Werft: Anfang 2007 ließ er seine Le Grand Bleu in Hamburg reparieren, jetzt soll Blohm + Voss eine neue Superjacht für ihn bauen: Die Eclipse wird dem Vernehmen nach 170 m messen, zwei Hubschrauberlandeplätze an Bord haben, einen Kinosaal und ein eigenes U-Boot. Übrigens: Jeder Meter Luxusjacht kostet nach einer Faustregel rund eine Million Euro.

Die Werftanlagen von Blohm + Voss prägen das Bild des Hafens. In den Docks wird an sieben Tagen der Woche gearbeitet.

Wissenswertes über den Hamburger Hafen

Blick auf den Anleger am Kaispeicher A in der HafenCity (→ S. 63), dem zukünftigen Standort der Elbphilharmonie (→ S. 62).

Die Geschichte des Hamburger Hafens, Informationen zu Führungen und Stadtrundgängen, Internetadressen und Buchtipps: Alles Wissenswerte ist in diesem Kapitel übersichtlich aufgeführt.

Schifffahrt und Handel gestern und heute

Keimzelle und Namensgeber Hamburgs ist die legendäre **Hammaburg**, bis heute findet sie sich im Wappen der Hansestadt wieder.

Das sächsische Kastell wurde zu Beginn des 9. Jh. erbaut, zu diesem Zeitpunkt war es ein fränkisch-christlicher Vorposten im frisch eroberten Norden. Von der Hammaburg aus sollten die wilden Germanenstämme missioniert werden. Im Jahr 834 erhob Ludwig der Fromme, Sohn von Karl dem Großen und Kaiser des riesigen fränkischen Reichs, sie daher zum Erzbistum.

Missionare ließen sich nieder, Handwerker und Händler siedelten sich an. In der Nähe der Alstermündung ankerten ihre Schiffe am Elbufer, so entstand der erste Hamburger Hafen. Keramik und Mühlsteine, Beile, Lanzen und Schwerter, Felle, Fische und Getreide wurden zur Hammaburg transportiert und hier gelagert. Allerdings währte die Blütezeit der Festung nicht lange. 845 wurde das Kastell von Wikingern überfallen, geplündert, gebrandschatzt und dem Erdboden gleich gemacht. Die darum entstandene Siedlung entwickelte sich nach dem Abzug der Wikinger zwar wieder weiter, 915 und 983 zerstörten aber slawische Stämme die kleine Stadt. Weitere Überfälle folgten 1066 und 1072.

Herrschaft derer von Schauenburg

Im 12. Jh. erhielten die **Grafen von Schauenburg** die Grafschaften Holstein und Stormarn als Lehen. Die neuen Herren übernahmen einen befriedeten Landstrich: Die gefürchteten Slawenstämme waren längst zurückgedrängt worden, der Handel blühte auf. Graf Adolf III. erkannte die verkehrsgünstige Lage Hamburgs. Über die Elbe hatte die Stadt einen direkten Zugang zur Nordsee, über das benachbarte Lübeck indirekt auch zur Ostsee. Der Graf siedelte daher Kaufleute bei der sogenannten Neuen Burg an und verlieh der dort wachsenden Neustadt 1189 das **Stadtrecht**, an der Alstermündung ließ er auch einen neuen Hafen anlegen. Angeblich gewährte **Kaiser Friedrich Barbarossa** im selben Jahr weitreichende Handels-, Schifffahrts- und Zollprivilegien auf der Niederelbe. Ob es eine entsprechende Urkunde jemals gegeben hatte, ist umstritten. 1265 wurde jedenfalls ein Ersatzdokument ausgestellt, Friedrich Barbarossa war zu diesem Zeitpunkt schon längst tot.

Nichtsdestotrotz wurden die Privilegien später immer wieder bestätigt – und sie lockten die Händler in die Stadt. Die Wirtschaft florierte, die Siedlung wuchs. 1228 wurden Alt- und Neustadt vereinigt, 1258 legte man einen Kanal zwischen Alster und Bille an, so sollte der Hafen vertieft werden. Trotzdem musste der Schiffsverkehr zeitweilig eingeschränkt werden, der Andrang im Hafen war zu groß.

Aufstieg der Hanse

Als der Deutsche Orden im 13. und 14. Jh. die Gebiete östlich der Elbe kolonisierte und bis ins Baltikum vordrang, stieg auch die Bedeutung Hamburgs: Die Stadt wurde zu einem Verkehrsknotenpunkt zwischen dem agrarisch geprägten Osten und den Märkten in Westeuropa. Hamburg trat 1358 der damals von Lübeck geführten Handelsorganisation **Hanse** bei. Durch das Bündnis konnte Hamburg seine Wirtschaftsbeziehungen ausbauen: Aus Schweden kamen Eisen und Kupfer in die Stadt, mit Flachs, Holz, Pelzen und Wachs wurde sie aus dem Baltikum beliefert, mit Bernstein aus Danzig, mit Feigen und Wein aus dem Mittelmeerraum.

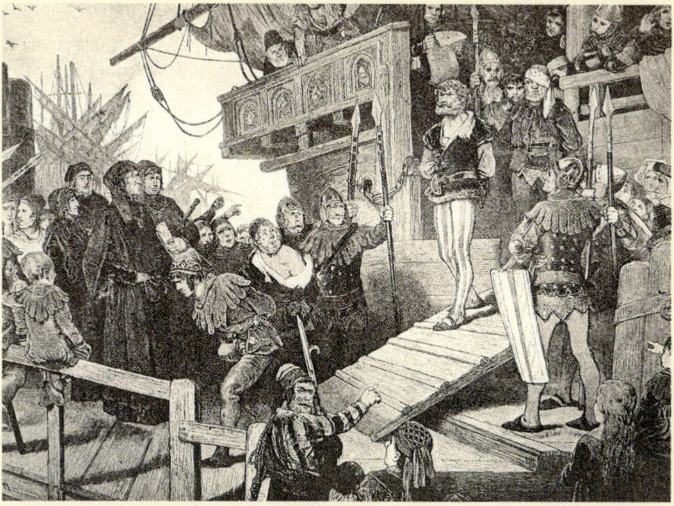

Das Ende einer Legende: Im Jahr 1401 ging der gefangen genommene Freibeuter Klaus Störtebeker zum letzten Mal von Bord eines Schiffes.

Schnell stieg Hamburg zu einem der wichtigsten Mitglieder der Hanse auf. Wegen seines berühmten Biers wurde die Stadt bald auch »Brauhaus der Hanse« genannt.

Doch der Reichtum der Hanse lockte immer mehr Seeräuber an, zunehmend behinderten die Piraten den freien Warenverkehr. Zu Beginn des 15. Jh. entsendete der Hamburger Rat eine Flotte, und nach zwei Schlachten waren die Freibeuter besiegt. Ihre legendären Anführer, **Klaus Störtebeker** und **Godeke Michels**, wurden am 21. Okt. 1401 auf dem Grasbrook enthauptet, mit ihnen starben noch rund 70 Seeräuber.

Hamburgs Bedeutung wächst weiter

1489 verlieh **Kaiser Maximilian I.** der Hansestadt das Stapelrecht: Alle Händler, die durch Hamburg zogen, mussten ihre Güter hier anbieten. Der Hafen dehnte sich in dieser Zeit immer weiter aus. Der Transport der Waren in die Stadt hinein wurde von kleinen Lastenbooten über die Fleete organisiert; sie waren die Vorgänger der Schuten, die bis ins 20. Jh. hinein das Hafenbild prägten. Auf dem **Augsburger Reichstag** bestätigte der Kaiser Hamburg das Privileg einer **Freien Hansestadt**. Die Siedlung war damit reichsunmittelbares Territorium, unterstand also direkt dem Kaiser, aber keinem weiteren Fürsten.

Im 16. Jh. büßte die Hanse immer weiter an Bedeutung ein. Hamburg hatte Lübeck als vorherrschende Macht im Nord-Ostsee-Raum längst abgelöst. Die neuen Konkurrenten waren London und die niederländischen Seehäfen. Dort förderten die entstandenen **Nationalstaaten** ihre großen Hafenstädte, auch durch die englischen und niederländischen Kolonien in Übersee gewann der Seehandel in diesen Ländern erheblich an Bedeutung. Den Hamburger Kaufleuten blieb dabei nur die Rolle eines Zwischenhändlers.

Im deutschsprachigen Raum spielte Hamburg aber eine immer

stärkere Rolle. Selbst den Dreißigjährigen Krieg überstand die Stadt fast unbeschadet. Sie hatte zwischen 1616 und 1625 eine mächtige Festungsanlage errichtet – und sich darüber hinaus strikt neutral verhalten.

Gottorper Vergleich und das Ende der Zollfreiheit

Viel stärker als der Krieg machten den Kaufleuten die Bestrebungen Dänemarks zu schaffen: Die Skandinavier erklärten **Herrschaftsansprüche** über Hamburg und schadeten der Stadt durch einen eigenen Hafen, den sie an der Elbe anlegten: Das dänische Altona befand sich nur wenige Kilometer vor den Wällen Hamburgs. Auf der Elbe erhob die dänische Krone zudem flussabwärts Zölle und schadete dadurch dem Handel mit Hamburg erheblich. Erst 1768 wurde der **Gottorper Vergleich** geschlossen: Dänemark verkaufte dem Stadtstaat die Inseln Billwerder und Finkenwerder, außerdem erkannte es die Freiheit der Reichsstadt an.

Einen weiteren Wachstumsschub erhielt der Hafen 1783: Nachdem sich die USA im Unabhängigkeitskrieg gegen Großbritannien durchgesetzt hatten, wurde Hamburg wichtigster Handelspartner der jungen aber aufstrebenden Nation. Zudem verkürzte jetzt der Eiderkanal die Fahrtzeit zwischen Nord- und Ostsee – seit jeher eine wichtige Strecke der Hamburger Seehändler. Die Blütezeit endete aber dieses Mal jäh im Jahr 1803: Englische Kriegsschiffe besetzten die Elbmündung im Zuge der napoleonischen Kriege. Abgeschnitten vom Meer brachen Handwerk und Handel in der Hansestadt völlig zusammen.

Erst 1825 verbesserte sich die wirtschaftliche Lage wieder: Portugal und Spanien verloren nach und nach ihre Kolonien in der Neuen Welt. Hamburg witterte wieder seine Chance und schloss **Handelsverträge** mit den neu entstandenen Staaten ab. Baumwolle, Tabak, Kaffee und Kakao wurden die Elbe hinaufgeschifft, umgekehrt lieferten Hamburger Händler Glas, Porzellan und Stoffe nach Südamerika. Auch der Warenaustausch mit den USA florierte erneut, und der Beginn der industriellen Revolution lieferte die Mittel zum weiteren Wachstum: Durch Eisen-

Auf einem Kupferstich aus dem Jahr 1750 ist bereits der Wohlstand der befestigten Hansestadt Hamburg zu erkennen.

bahnen wurden die Wege ins Hinterland ausgebaut, das erste **Dampfschiff** legte 1817 in Hamburg an. 1866 wurde der »Sandthor Hafen« eröffnet – die erste für Dampfschiffe geeignete Kaistrecke. Bald schon verdrängten Kolosse aus Stahl die eleganten Segler.

Und die **Industrialisierung** brachte weitere gesellschaftliche Umwälzungen mit sich: Viele Menschen sahen keine Perspektive mehr für eine Zukunft in der Alten Welt, Amerika lockte dagegen mit dem Versprechen von Freiheit und Wohlstand. Immer mehr Auswanderer wollten sich deshalb für immer aus Europa verabschieden. 1847 wurde die **Hamburg-Amerikanische Packetfahrt-Actiengesellschaft** (HAPAG) gegründet, ihr Reeder Albert Ballin ließ auf der Elbinsel Veddel eine Barackenstadt für die Ausreisewilligen errichten. So wurde Hamburg zum Tor zur Welt.

Obwohl Hamburgs wirtschaftliche Macht immer weiter zunahm – politisch geriet die »Freie und Hansestadt« in die Defensive: Von der langen Zeit der Kleinstaaterei in Deutschland hatte Hamburg stets profitiert, doch diese Epoche neigte sich ihrem Ende entgegen. Zunächst schlossen sich die norddeutschen Staaten in Zollvereinen zusammen. Nach dem deutsch-dänischen und dem deutsch-deutschen Krieg 1864 bzw. 1866 wurden Schleswig, Holstein und Hannover preußisch, auch Hamburg stand dadurch immer stärker unter dem Einfluss der neuen Großmacht. 1871 gründete sich dann das **Deutsche Reich** nach dem gewonnenen deutsch-französischen Krieg, und Hamburg hat gar keine andere Wahl, als dem neuen Nationalstaat ebenfalls beizutreten.

Doch Reichskanzler **Bismarck** forderte die Aufgabe des Freihandelsprivilegs und übte erheblichen Druck aus. 1881 konnte endlich ein Kompromiss erzielt werden: Hamburg wurde ab 1888 deutsches Zollgebiet, bekam aber das Recht zugesprochen, eine **Freihandelszone** im Hafengebiet zu betreiben.

Die Speicherstadt und der Freihafen

Die Hamburger Freihafen-Lagerhaus-Gesellschaft wurde gegründet, sie übernahm den Aufbau der Freihandelszone: Für die neu zu errichtende Speicherstadt kaufte Hamburg alle Gebäude auf dem Gebiet der Kehrwieder- und Wandrahm-Insel auf – und ließ sie abreißen. Wer nicht verkaufen oder umziehen wollte, wurde dazu gezwungen: 20 000 Bewohner mussten sich ein neues Zuhause suchen. 1888 trat der **Zollanschlussvertrag** in Kraft, doch in der Speicherstadt durften Händler ihre Importe weiterhin zollfrei lagern, veredeln und verarbeiten.

Der Hafen wuchs weiter und erstreckte sich mittlerweile auch auf die Gebiete südlich der Norderelbe. Da die stetig zunehmende Zahl von Fährverbindungen bald den sonstigen Schiffsverkehr auf dem Fluss behinderte, wurde ab 1907 der **Elbtunnel** gebaut – er war der erste Flusstunnel des europäischen Kontinents.

Zunächst schienen die Hamburger auch von der aggressiven Außenpolitik des Deutschen Reichs zu profitieren. **Kaiser Wilhelm II.** wünschte sich für Deutschland einen »Platz an der Sonne«. Seine Ziele wollte er mit Hilfe einer großen Flotte durchsetzen, die **Werften** der Hansestadt bauten ein Kriegsschiff nach dem anderen. Doch die Aufrüstung endete in der Katastrophe des Ersten Weltkriegs (1914–1918), an dessen Ende die Hamburger Wirtschaft daniederlag. 1929 wurde der gerade wieder einsetzende Aufschwung durch die Weltwirtschaftskrise abgewürgt, 1933 geriet Hamburg mit dem gesamten Deutschen Reich in die Hände der Nationalsozialisten.

Für den Wiederaufbau der deutschen Marine mussten Zwangsarbei-

Ganze Stadtteile standen bei der großen Sturmflut im Februar 1962 unter Wasser. Heftige Orkanböen hatten unter anderem die Deiche an der Unterelbe brechen lassen.

ter im Hamburger Hafen schuften, und vielen Juden wurde der Hamburger Hafen zum Schicksalsort: Manche konnten von hier aus noch rechtzeitig ausreisen, andere wurden nach langen Irrfahrten wieder zurückgeschickt, weil ihnen ihre Zielländer die Einreise verweigerten. Schließlich wurden vom Güterbahnhof auf dem Großen Grasbrook zwischen 1941 und 1945 mehrere tausend Juden in die Konzentrationslager deportiert.

Wiederaufbau und Umbau

Am Ende des Krieges war Hamburg und damit auch Deutschlands wichtigster Hafen weitgehend zerstört, doch der Kalte Krieg zwischen den Sowjets und den USA rettete die Hansestadt: Ein demokratisches, wirtschaftlich starkes Westdeutschland sollte entstehen, entsprechend steuerten die Westmächte erhebliche finanzielle Mittel zum Wiederaufbau bei. Unter anderem galt es, Ersatz für die zerbombten Wohnungen zu schaffen. Platz dafür bot in direkter Nachbarschaft zum Hafen unter anderem der auf einer Elbinsel gelegene Stadtteil **Wilhelmsburg**. Hier entstanden Barackensiedlungen. Doch 17 Jahre nach Kriegsende führte ihre unmittelbare Lage am Fluss zur Katastrophe.

Die **Sturmflut** vom 17. Feb. 1962 kostete 315 Menschen das Leben, 150 000 Hamburger wurden vom Wasser eingeschlossen. Der damalige Innensenator Helmut Schmidt handelte pragmatisch und forderte die Hilfe der Bundeswehr an – obwohl die gesetzliche Grundlage für einen Einsatz im Inland ungeklärt war. Doch die Soldaten retteten Leben, und Helmut Schmidt galt seitdem als »Macher«. Seine Karriere sollte ihn noch bis ins Kanzleramt führen.

Sechs Jahre später begann eine neue industrielle Revolution im Hamburger Hafen. Mit der American Lancer machte das erste **Vollcontainerschiff** in der Hansestadt fest. Schnell erkannten die Reeder die Vorteile des Containers: Seine Größe war genormt, man konnte ihn schnell verladen und so fast jede Fracht transportieren. Alte Stück- und Schüttgutfrachter wurden durch neue Containerriesen abgelöst. Für die Schiffe der neuen Generation war der Hafen jedoch viel zu klein, er musste elbabwärts weiter wachsen.

In **Waltershof** entstand der erste **Containerterminal** mit vier Liegeplätzen. Die Stückgutlager, Speicher und Kaie im östlichen Hafen verloren nach und nach ihre Bedeutung – bis die meisten Gebäude Anfang der 90er-Jahre gar nicht mehr genutzt wurden. Der damalige Bürgermeister Henning Voscherau präsentierte deshalb 1997 erstmals einen gigantischen Plan: Auf dem ehemaligen Hafengebiet sollte ein neuer Stadtteil entstehen – und das in unmittelbarer Nähe zur Innenstadt: Die **HafenCity** war geboren.

Der neue Stadtteil erschließt nicht nur die ebenso attraktiven wie zentralen Lagen am Wasser. Hamburg setzt damit auch zum Sprung über die Elbe an. Schon heute liegen südlich des Flusses auch große Wohngegenden. Durch die Industriebrache des ehemaligen Hafengebiets waren sie aber vom übrigen Hamburg abgeriegelt gewesen. Jetzt sollen bisher vernachlässigte Stadtteile wie Wilhelmsburg entwickelt werden.

Und was wird die Zukunft sonst noch bringen? Wirtschaftlich steht der Hafen heute besser da denn je. Der Boom der Container geht immer noch weiter, 2002 wurde in **Altenwerder** daher ein neues Abfertigungsterminal eröffnet – das modernste der Welt. Nirgendwo wird mehr Kaffee umgeschlagen als in Hamburg, in Europa ist der Hafen der drittgrößte nach Rotterdam und Antwerpen.

Mit dem Wachstum der Wirtschaftsräume in Nord- und Osteuropa kann Hamburg auch endlich wieder einen Standortvorteil ausspielen, den schon Adolf III., Graf von Schauenburg, erkannt hatte: In die Ostsee können die ganz großen Schiffe gar nicht mehr einlaufen, oder sie scheuen die weite Strecke etwa aus Kostengründen. Irgendwo müssen ihre Waren also umgeschlagen werden. Und wo sonst sollte das geschehen wenn nicht in Hamburg, der auch heute noch strategisch günstigsten Schnittstelle zwischen West- und Osteuropa?

Jedes Jahr stellt Hamburg mit seinem Containerhafen einen neuen Umschlagrekord auf. Der automatisierte Anlagenkomplex gehört zu den weltweit wichtigsten seiner Art.

»Schifferlatein«: Seemannssprache im Hamburger Hafen

Achter(n) Plattdeutsch für »hinter« oder »hinten«, auf dem Schiff also dort, wo das Lenk-Ruder ist.

Backbord Leitet sich wahrscheinlich von arthd. »bah« (Rücken) ab: Die Wikinger standen beim Steuern ihrer Boote quer zur Fahrrichtung und wendeten der von dort aus gesehen linken Seite den Rücken zu. Aus »bah« wurde im Hochdeutschen »Back« – und ist auf dem Schiff noch immer vom Heck aus in Richtung Bug gesehen die linke Seite.

Barkasse Vom ital. barcaccia, war eigentlich das größte Beiboot auf einem Kriegsschiff. Seit Ende des 19. Jh. wird der Begriff auch für kleine Arbeits- und Personenboote in Häfen gebräuchlich. Heute dienen sie vor allem als Ausflugsboote für das Hafengebiet.

Baumwall Straßenzug zwischen → Vorsetzen und Kajen. An dieser Stelle wurde bis 1852 nachts die Ausfahrt des Binnenhafens durch miteinander verkettete Baumstämme gesperrt. Der Namensbestandteil Wall verweist auf die Befestigungsanlage, die Hamburg bis ins 19. Jh. umgab und die hier am Hafen endete.

Brook Wird im Niederdeutschen sumpfiges Schlemmland an Küsten und Flüssen genannt. Bestandteil vieler Straßen- und Flurnamen am Hafen (Grasbrook, Brooktor-Kai).

Buttje Verkleinerungsform des Speisefisches Butt. Bis ins 19. Jh. Bezeichnung für rüde Burschen, später Verniedlichungsform für Junge. Heute nennt sich jeder richtige Hamburger Jung so.

Daddeldu Bei Hafenarbeitern verbreiteter Ausruf am Ende einer Arbeit. Wahrscheinlich aus dem engl. »That will do« (das wird genügen) abgeleitet. »Sou, nu is daddeldu« heißt also so viel wie »Für heute ist Feierabend«.

Deern Hat nichts mit der hochdeutschen »Dirne« zu tun. Wird im Plattdeutschen als Begriff für ein junges Mädchen verwendet – und als Koseform auch von Ehemännern oder unter Freundinnen gebraucht.

Denn man zu! Bedeutet so viel wie »Na, dann wollen wir mal« und ist im Hamburger Schnack weit verbreitet.

Dippen Seemannssprache für einen Gruß mit einer Flagge. Die Nationalflagge wird dabei auf Halbmast eingeholt und dann wieder gehisst.

Elbsegler Die dunkelblaue Mütze wurde früher zehntausendfach von Hamburgern getragen. Heute ist sie fast aus dem Stadtbild verschwunden. Altkanzler Helmut Schmidt übrigens trägt lieber die → Helgoländer Lotsenmütze.

Ewerführer Berufsbezeichnung für die Führer von Schuten. Ihren Namen verdanken sie dem Ewer, einem bis ins 20. Jh. gebräuchlichen Einmann-Segelschiff zum Warentransport. Später wurden die Ewer motorisiert und abgetakelt, Segel und Quermasten wurden also abmontiert. Heute gibt es nur noch eine Handvoll Ewerführereien, die mit ihren Schuten jetzt Container im Hafen verschiffen.

Fastmoker Hochdeutsch Festmacher: Er sorgt für das korrekte »Anbinnen« (=anbinden) der Schiffe an den Dalben und Pollern. Die in der Arbeitsgemeinschaft Hamburger Schiffsbefestiger zusammengeschlossenen Arbeiter müssen eine Ausbildung als Matrose oder Bootsmann vorweisen können.

Fleet Kanal. Fleete waren bis ins 19. Jh. hinein die wichtigsten Verkehrswege in Hamburg. Auch die Lager der Speicherstadt wurden von → Ewerführern über diese Kanäle beliefert. Die Fleete dienten lange Zeit auch als Trinkwasserquelle und Abwasserleitung. Bei Ebbe fallen viele Fleete in der Speicherstadt trocken.

Franzbrötchen Spezialität aus einem Hefe-Plunderteig, der mit viel Butter und Zimt gebacken wird. Varianten mit Schokostreuseln, Rosinen oder Kürbiskernen sind modische Erscheinungen.

Gang Engl. »gang« (Trupp, Kolonne) bezeichnet die in einer Schicht zusammenarbeitenden → Schauermänner.

Grog Typisch norddeutsches Heißgetränk. Rezept: Rum muss, Zucker darf, Wasser kann.

Helgoländer Lotsenmütze Dunkelblaue Mütze, vornehmlich von Altkanzlern getragen. Sie ist ein wenig höher als der Elbsegler, weist Verzierungen und eine geflochtene Kordel auf dem Schirm auf.

Höft Plattdeutsch »Spitze«. Findet sich häufig in Straßen- und Ortsbezeichnungen (Köhlbrandhöft, Sandtorhöft, Baakenhöft).

Janmaat Scherzhaftes Ersatzwort für »Matrose«

Kehrwieder Straße in der Speicherstadt. Wer am Zollkanal entlang bis

Ursprünglich das Beiboot eines Kriegsschiffes, dient die Barkasse heute als Ausflugsboot: Die wendigen Schiffchen haben immer eine Handbreit Wasser unter dem Kiel.

zur Kehrspitze ging, musste früher wieder umkehren – vermutlich leitet sich daher der Name der Straße ab. Heute verbindet die Niederbaumbrücke die Kehrwiederinsel mit dem → Baumwall.

Klabauter Die Herkunft des Wortes ist umstritten: Entweder leitet sich der Name des Schiffgeistes von »klabastern« ab – das heißt »laut polternd umhergehen« oder: Es kommt von »kalfatern« – so nannten die Schiffsbauer und Seeleute das Abdichten der Planken.

Kontor Abgeleitet vom franz. »comptoir« (Zahltisch). Ist in Hamburg die Bezeichnung für den Geschäftsraum eines Kaufmanns und hat seinerseits die niederdeutsche »Skrivekammer« im Sprachgebrauch abgelöst.

Nüdelkastenlüüd Plattdeutsche Bezeichnung für Leierkastenmänner. Heute findet man diese bevorzugt an den Landungsbrücken.

Pfeffersack Spottname für einen geizigen, geldgierigen Menschen, häufig auch auf den Hamburger im Allgemeinen oder die hiesigen Kaufmänner im Besonderen bezogen. Der dänische König Christian VI. soll die Hansestädter einmal »Hochmütige Krämer und Pfeffersäcke« genannt haben, als er sich im 17. Jh. erneut um die Hoheitsrechte in der Stadt stritt.

Quartiersleute Lagerunternehmer im Hamburger Hafen. Früher schlossen sie sich in Vierergruppen zusammen: Vier (lat. Quartus) Leute. Dabei war der älteste Gesellschafter stets Namensgeber der Firma, die drei anderen tauchten nur als »& Cons.«(orten) auf.

Schauermann Heute kaum noch verwendete Bezeichnung für einen Hafenarbeiter, hochdeutsch Stauer. Er war mit seiner → Gang verantwortlich für das Löschen und Laden einer Luke eines Seeschiffes. Der Vorarbeiter hieß Stauervize. Schauermann leitet sich ab von niederländisch »sjouwen« (schleppen, hart arbeiten).

Schiffszimmerer Die Handwerker dieser alten Zunft gründeten 1875 eine Genossenschaft zum Wohnungsbau. Das Handwerk ist längst verschwunden, aber noch immer verwaltet die Allgemeine Deutsche Schiffszimmerer-Genossenschaft mehr als 8000 Wohnungen in Hamburg und Umgebung.

Schute Kleines, flaches Schiffchen, mit dem Schütt- und Stückgüter von den Seeschiffen in die Lagerstätten verbracht wurden. Meist hatten sie keinen eigenen Antrieb und wurden entweder mit einem Peekhaken gestakt oder von kleinen Schleppern bewegt. Heute nur noch selten zum Verschiffen von Containern innerhalb des Hafens im Einsatz.

Steuerbord Ist die vom Heck aus gesehen rechte Seite.

Twiete Heißt plattdeutsch ein Gässchen, das zwei Straßen verbindet. Die berühmteste Hamburger Twiete ist die Brandstwiete – bis zum Umzug in die HafenCity noch der Sitz des Nachrichtenmagazins »Der Spiegel«.

Vize Lat. »vice« (an Stelle) ist im Hafenjargon der Vorarbeiter.

Vorsetzen Heißt die Straße an der Überseebrücke. Zur Sicherung des Ufers wurden Eichenbohlen zu einer Art Spundwand angebracht, sozusagen vor das Ufer gesetzt. So konnten die Schiffe direkt am Ufer festmachen.

BERLIN
BERLIN WIR FAHREN
NACH
BERLIN

Nofretetes Büste und kluge Köpfe, Schlösser und Gourmet-Tempel, Kinolandschaft und Kneipenszene – Berlins Kulturgenuss ist mehr als eine Reise wert. MERIAN bietet Reportagen von exzellenten Fotografen und den besten Autoren der Welt – mit aktuellen Informationen, nützlichen Tipps und umfangreichem Kartenmaterial. Für anspruchsvolle Reisende, die das Erlebnis für alle Sinne suchen. **IM GUTEN BUCH- UND ZEITSCHRIFTENHANDEL ODER UNTER TELEFON 040/87 97 35 40 UND WWW.MERIAN.DE**

MERIAN
Die Lust am Reisen

Nützliche Informationen und Serviceadressen

Auskunft

Informationsbüro der Hamburg Tourismus GmbH

→ S. 119, F 5

Bei den St.-Pauli-Landungsbrücken 1, Brücke 4; Tel. 3 34 42 20; info@hamburg-tourism.de; tgl. 10–18 Uhr (Sommer ab 8 Uhr), So 10–18 Uhr

Vorwahl für Hamburg: 0 40

Buchtipps

Shipspotting. Das Schiffsregister, Thomas Kunadt (Murmann, 2005). Geschichten über die Elbe und ihre Schiffe.

Speicherstadt + HafenCity. Ein Viertel zwischen Tradition und Vision, Hrsg. Thomas Hampel (Elbe & Flut, 2004). Ein Buch über die Geschichte und Zukunft des Hafenrands.

Speicherstadt und HafenCity, Egbert Kossak (Ellert & Richter, 2005). Hamburgs ehemaliger Oberbaudirektor beschreibt die Entwicklung von Hamburgs erstem Hafen bis zum größten Innenstadtprojekt Europas.

Cap San Diego. Eine Legende wird neu besichtigt, Christoph Engel u.a. (Murmann, 2006). Wie aus einem Schiffswrack ein stolzes Museumsschiff wurde.

Hafen Hamburg. Sechs Jahrzehnte Erfolgsgeschichte, Kurt Grobecker (Köhlers, 2004). Geschichte des Hafens seit dem Zweiten Weltkrieg.

Hafen Hamburg. Panoramen und Reportagen, Eberhard Petzold, Birgit Müller (Hanse, 2001). Ein Bilder- und Lesebuch, das sich ohne Nostalgie dem modernen Hafen nähert.

Faszination Hamburger Hafen, Walter Lüden, Klaus-Peter Kiedel (Hauschild, 2004). Eine Zeitreise in den Hafen der 50er-Jahre mit historischen Aufnahmen.

Elbaufwärts. Wie kommen Seeschiffe in den Hamburger Hafen, Bernd Grützmacher (Köhlers, 2006). Der Autor schaut den See-, Elb- und Hafenlotsen bei der Arbeit über die Schulter und zeigt, wie ein Ozeanriese die 100 km von der Küste bis zum Hafen heil übersteht.

In der Reihe MERIAN *live!* sind bereits die Titel »Hamburg«, »Hamburger Spaziergänge« und »Hamburg Reeperbahn« erschienen. Wer weitergehendes Interesse an der Hansestadt hat, findet im MERIAN *Reiseführer* »Hamburg« ausführliche Beschreibungen zu Hotels und Restaurants, Einkaufsadressen und Sehenswürdigkeiten.

Fahrradverleih

Motorstation Altona

→ S. 119, nördl. F 5

28" City-Räder für Damen und Herren mit 7-Gang Nabenschaltung und Korb. Gut für eine Rundfahrt durch den Freihafen und Ausflüge ins Hamburger Umland. Reservierung empfohlen.

Thadenstr. 90–92; Tel. 4 39 20 12; www.fahrradverleih-altona.de; Mo–Fr 10–18, Sommer auch Sa 10–13 Uhr; 8,50 € (1 Tag), 22,50 € (Wochenende), 51 € (pro Woche), Rabatt ab drei Rädern

Filme

Hafen, Flut und Feuerstürme; Studio Hamburg; Dokumentation 90 Min.

Mein Elb-Bick; La Vista Film GbR; ungeschnittener Blick auf die Elbe; 186 Min.

Stolz auf Hamburg und den Hafen; UAP Video GmbH; Dokumentation 24 Min.

Willi will's wissen – Schiff Ahoi! Hier spricht der Hafen Hamburg!; Alive – Vertrieb und Marketing; Kinderdokumentation 50 Min.

Fundbüro

Zentrales Fundbüro Hamburg

→ S. 118, nördl. C 5

Bahrenfelder Str. 254–260; Tel. 4 28 11 35 01; Mo 9–16; Di–Mi 9–13, Do 9–13 und 14–18, Fr 9–12 Uhr

Führungen, Rundfahrten und Rundgänge

Die Hafen- und Speicherstadt-Rundgänge sind inhaltlich sehr unterschiedlich angelegt. Hier eine Auswahl der verschiedenen Routen und Anbieter:

Mit dem Schiff durch den Hafen

Worin der Unterschied zwischen einer Hafenrundfahrt, einer Großen Hafenrundfahrt und einem tollen Törn besteht, bleibt rätselhaft. Fest steht: Mit einer kleineren Barkasse lassen sich auch die Fleete in der Speicherstadt erkunden, dafür ist die Aussicht an Deck eines größeren Schiffes besser. Die Preise liegen je nach Anbieter um 10 €, manchmal gibt es auch Sonderfahrten im Dunkeln.

Allgemeine Barkassen Centrale; St.-Pauli-Landungsbrücken 4–5
Barkassen-Meyer; St.-Pauli-Landungsbrücken 2 und 6
Harald Glitscher Barkassen; St.-Pauli-Landungsbrücken 6
Kapitän Prüsse; St.-Pauli-Landungsbrücken 3a
Ludwig Alm; St.-Pauli-Landungsbrücken 7
Maritime Circle Line; St.-Pauli-Landungsbrücken 10, BallinStadt, Hafenmuseum, Speicherstadt, Überseebrücke
Rainer Abicht; St.-Pauli-Landungsbrücken, Barkassen: Brücke 1, Fahrgastschiffe: Brücke 4

Der Hafen aus der Luft

Helipro → S. 119, F 5

Ob mit dem Ballon, der Cessna oder einem Helikopter: Ab 129 € kann man hier den Hafen aus der Luft betrachten. Gestartet wird nur bei gutem Wetter zwischen April und Dezember.

Bei den St.-Pauli-Landungsbrücken 2; Tel. 47 19 39 55; www.helipro.de

Wasserflugzeug → S. 120, B 9

Das Wasserflugzeug im Sporthafen Baumwall fliegt über Werften und Hafen, Landungsbrücken, die Gassen von St. Pauli, das Rathaus, Binnen-

Seemanns Braut ist die See – oder das »Schifferklavier« genannte Akkordeon.

und Außenalster. Geflogen werden kann nur bei guter Witterung.

Clipper Aviation, Am Baumwall; Tel. 37 50 30 49; www.clipper-aviation.de; Preis 95 €

Heliumballon → S. 121, E 9

Der Heliumballon ist generell von 10 bis 22 Uhr in Betrieb. Allerdings sind die Fahrzeiten wetterabhängig. Deshalb sollten Sie vorher telefonisch anfragen, ob der Highflyer in Betrieb ist.

Highflyer, Deichtorstr. 1–2; Tel. 30 08 69 69; Erwachsene 15 €, Kinder 10 €

Der Hafen an Land

GPS-Führung

Die Idee ist so einfach wie genial: Man leiht sich ein GPS-Navigationssystem an den Landungsbrücken aus, läuft dann die Elbe entlang, und immer, wenn es was zu sehen oder zu sagen gibt, meldet sich eine Stimme über den Köpfhörer und erzählt. Die Tour den Hafen entlang dauert etwa 90 Min., sie umfasst 23 Stationen. Wer das Gerät länger behalten möchte, kann damit auch die Reeperbahn und die Innenstadt erkunden.

Tourist Information am Hafen; Bei den St.-Pauli-Landungsbrücken 1, Brücke 4; Tel. 3 34 42 20; tgl. 10–18 (Sommer ab 8 Uhr); Preis 8 € (4 Std.), 12 € (8 Std.); als Pfand muss ein Lichtbildausweis hinterlegt werden

Hamburger Hummelbahn
In 2 1/2 Std. lernt man auf der Fahrt durch den Hafen die Geschichte des Gebietes kennen: Von den ersten Anfängen im Mittelalter bis zur HafenCity. Gestoppt wird am Museum für Arbeit, mit einer Barkasse geht es dann von hier aus weiter zur Fischauktionshalle.
Tel. 7 92 89 79; April–Okt. Sa 14 Uhr ab Hbf.; Preis 25 €

Rote Doppeldecker
Die Busse mit dem offenen Verdeck sind auch an der Elbe unterwegs: Hier halten sie am Fischmarkt, den Landungsbrücken, in der Speicherstadt, an den Deichtorhallen und an der U-434.
Tel. 7 92 89 79; April–Okt. tgl. 9.30–17 halbstündl., Nov.–März tgl. 10, 12, 14 und 16 Uhr ab Landungsbrücken; Tageskarte 15 €

Segway Citytour
Der Segway ist ein einachsiger Roller, der nur dank seiner Computersteuerung nicht umfällt. Auf zwei Rädern schweben Sie förmlich durch die Stadt und werden von einem Guide zu den wichtigsten Sehenswürdigkeiten der Stadt geführt. Die teils erstaunten, teils bewundernden Blicke der Passanten sind im Preis inbegriffen.
Tel. 47 11 33 00; Abfahrt Neuer Wall 77, Fr–So 12.30 und 16.30 Uhr; Dauer 2 1/2 Std.; Preis inkl. Führung 58 €

Rundgänge
Speicherstadt und HafenCity
Diese Führung der Hamburg Tourismus GmbH zeigt jeden Dienstag die wichtigsten Gebäude in diesem Gebiet, auch geschichtliche Zusammenhänge werden vermittelt.

Die Cap San Diego (links, → S. 75) läuft nur noch zu speziellen Anlässen aus, auch die Rickmer Rickmers (rechts, → S. 80) dient jetzt als Museumsschiff.

Tel. 46 77 72 95; Di 16–18 Uhr Treffpunkt U-Bahn Baumwall, Ausgang Speicherstadt; Preis 7 €

Großbaustelle Hamburg

Was entsteht eigentlich genau in der HafenCity? Diese Führung gibt Antworten und zeigt, wie eine neue Stadtlandschaft am Elbstrom entsteht.

Tel. 86 66 27 05; für Gruppen buchbar, ggf. erfragen, wann eine Führung stattfindet; Treffpunkt U-Bahnstation Messberg, Ausgang Wandrahmsteg

Hafen und Museumsschiffe

Die Realität an der Hafenkante ist dann doch ganz anders als die Seefahrerromantik in vielen Köpfen. Der Rundgang führt von der Rickmer Rickmers über die Cap San Diego bis hin zum Feuerschiff.

Tel. 82 81 37; für Gruppen buchbar, ggf. erfragen, wann eine Führung stattfindet; Treffpunkt Brücke 2; Preis 3,50 € zzgl. Eintrittsgelder

HamburgCity-Tour Hafen

Die Hafentour startet mit einer Besichtigung des Elbtunnels und führt weiter entlang der Hafenkante in Speicherstadt und HafenCity.

Tel. 32 31 85 90; Treffpunkt Landungsbrücken 3 a; tgl. wechselnde Anfangszeiten; Dauer 2 Std.; Preis 15 €

Internet

Websites zum Hafen mit Informationen, Bildern, Links und Tipps:

www.hafen-hamburg.de
www.rettet-die-elbe.de
www.leutehamburg.de
www.architekturarchiv-web.de
www.hafencity.de
www.szene-in-hamburg.de
www.qype.de
www.bildarchiv-hamburg.de

Hilfreiche Websites über Hamburg und die Touristeninformationen:

www.hamburg.de
www.hamburg-tourism.de
www.hamburg-magazin.de
www.hamburg-termine.de
www.kino-fahrplan.de

Jugendherberge

Unmittelbar in der Nähe der Landungsbrücken liegt die Herberge Auf dem Stintfang. Eine Übernachtung lässt sich schon ab 15,90 € buchen, Elbblick inklusive. Im angeschlossenen Chicago Backpackers Bistro treffen sich Reisende aus aller Welt.

Alfred-Wegener-Weg 5; Tel. 31 34 88, Fax 31 54 07; www.djh.de/jh/hamburg-stintfang

Medizinische Versorgung

Ambulanz Hafen Hamburg

Im Gesundheitszentrum St. Pauli

Seewartenstr. 10, Haus. 3; Tel. 31 31 53; Mo–Fr 8–18, Sa 10–13 Uhr; www.gzst-pauli.de

Apothekennotdienst-Hotline

Tel. 0 18 05/93 88 88

Ärztlicher Notfalldienst

Tel. 22 80 20; www.aerzte-notdienst.de; Do–Di 19–7, Mi 13–7 Uhr

Zahnärztliche Notdienstansage

Tel. 0 18 05/05 05 18; www.zahnaerzte-hh.de

Mietwagen

Sixt Hamburg Reeperbahn

Millerntorplatz 1; Tel. 0 18 05/2 52 525, 0 18 05/22 29 30 65 21; www.sixt.de

Öffentliche Toiletten

Ein WC und ein Behinderten-WC befinden sich an der Tourist-Info, öffentliche Toiletten am Alten Elbtunnel, am Fischmarkt und an der St.-Annen-Brücke in der Speicherstadt.

Sicherheit

Wie in jedem Hafengebiet sollte man auch im Hamburger Hafen abseits der Touristenströme vorsichtig sein. Die Hamburger Polizei rät zur Wachsamkeit: Weite Teile des Hafens sind nachts und am Wochenende wenig

Der Hamburger Stadtteil Kleiner Grasbrook wird nahezu ausschließlich durch den Hafen geprägt. Zu erreichen ist er mit den S-Bahnlinien 3 und 31, Haltestelle Veddel.

frequentiert. Benutzen Sie deshalb beleuchtete und belebte Straßen. Besonders Frauen sollten im Dunkeln nicht ohne Begleitung durch die abgelegenen Hafenanlagen spazieren. Achten Sie darauf, dass die Anlagen auf der südlichen Elbseite oft Privatgelände sind, und beachten Sie entsprechende Hinweisschilder!

Notruf: 110
Feuerwehr/Notarzt: 112

Polizeidienststellen

Polizeikommissariat 12 + 14 (Speicherstadt und HafenCity); Caffamacherreihe 4; Tel. 4 28 65 14 10
Polizeikommissariat 15 (Hafenstraße-Fischmarkt); Spielbudenplatz 31; Tel. 4 28 65 15 10
Polizeikommissariat 21 (Fischereihafen-Övelgönne); Mörkenstr. 30; Tel. 4 28 65 21 10
www.polizei-beratung.de; www.polizei-hamburg.de

Sperrnotruf für Kreditkarten- oder EC-Karten: Tel. 116 116 (kostenloser Service fast aller Banken; www.sperr-notruf.de)

Hamburger Behörden, Zentrale: Tel. 42 82 80; Mo–Fr 7–19 Uhr

Verkehrsverbindungen

Öffentliche Verkehrsmittel

An den Landungsbrücken treffen sich die S-Bahnlinien S1, S2 und S3, die U-Bahn U 3 und die Hafenfähren. Zur Fahrt in die Speicherstadt bietet sich die U 1, Haltestelle Messberg an, der wichtigste Bus für das Gebiet an der Elbe ist die Linie 112. Die Bahnen fahren an Werktagen alle paar Minuten, in den Nächten auf Sonnabend und Sonntag sowie vor Feiertagen durchgehend alle 20 Minuten. Unter der Woche ist der Betriebsschluss um 1 Uhr, dann fahren Nachtbusse.

Ab drei Fahrten pro Tag lohnt sich eine Tageskarte, mit der U- und S-Bahn und auch die HADAG-Hafen-

Hamburg entdecken und sparen mit der Hamburg CARD ab 8,00 €

- ✓ **Freie Fahrt mit den öffentlichen Verkehrsmitteln**
- ✓ **Rabatte bei rund 110 Sehenswürdigkeiten,** Shoppingpartnern, in Restaurants, Parkhäusern und auf Souvenirs

Sparen Sie mit den Einzel- und Gruppenkarten an ein, drei oder fünf Tagen!

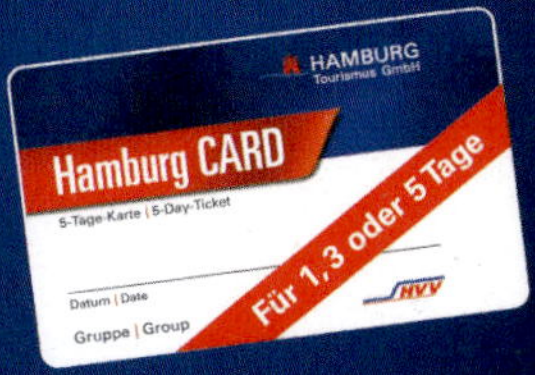

Hier erhalten Sie die Hamburg CARD:
Tourist Informationen (Hbf, Hafen, Flughafen), HVV-Fahrkarten-automaten, Servicestellen & Busse, viele Hamburger Hotels und Jugendherbergen, telefonisch: 040-300 51 300, online: www.hamburg-tourismus.de

Gewinnspiel! Senden Sie bis zum 31.12.08 eine Postkarte mit dem Kennwort „Merian Hamburg" an: Hamburg Tourismus GmbH, Steinstr. 7, 20095 Hamburg und mit etwas Glück können Sie 1 Übernachtung für 2 Pers. im DZ in einem 5-Sterne-Hotel gewinnen. Der Rechtsweg ist ausgeschlossen.

HAMBURG
Tourismus GmbH

Auch für Kinder ist der Hamburger Hafen ein spannendes Ausflugsziel: Schüler beobachten die tief fliegenden Möwen.

fähren unbegrenzt genutzt werden können. Mehr Informationen an den Servicestellen des HVV.

Fahrplanauskunft Tel. 19 44 90; www.hvv.de

Taxi

In Hamburg fahren knapp 4000 Taxen rund um die Uhr. Der Grundbetrag beträgt 2,40 €, jeder gefahrene Kilometer kostet 1,68 €, ab 10 km 1,28 €. Wenn Sie ein Funktaxi rufen, geht es zwar schneller, der Grundpreis erhöht sich dann aber auch um 0,50 €. Viele Taxen akzeptieren mittlerweile EC- und Kreditkarten, wenn Sie diese Zahlungsart wählen möchten, sollten Sie das unbedingt bei der Taxibestellung angeben. Im Stadtgebiet kann es während der Rush-Hour allerdings zu Staus kommen. Oft ist man deshalb gerade im Gebiet rund um die Landungsbrücken mit öffentlichen Verkehrsmitteln schneller. In der Speicherstadt, der HafenCity und dem Gebiet westlich des Fischmarktes ist das Busnetz allerdings nicht sonderlich gut ausgebaut – hier empfiehlt sich ein Taxi.

Hansa Taxi; Tel. 21 12 11
Taxi Hamburg; Tel. 66 66 66

Velotaxi

CO2-arm bringen die Velotaxen ihre Fahrgäste mit Muskelkraft von A nach B. Die Fahrer bieten auch Stadtrundfahrten an.

Tel. 55 61 36 10; Preis 2,50 € für 1 km, jeder weitere Kilometer kostet 1 €

Zeitungen und Zeitschriften

Die monatlichen Stadtmagazine »Szene Hamburg« (www.szene-hamburg.de), »Oxmox« (www.oxmox-hh.de) und »Prinz« (www.prinz.de/hamburg) informieren über Konzerte, Theater, Veranstaltungen, Ausstellungen, Restaurants und Partys. Die lokalen Tageszeitungen »Hamburger Morgenpost« (www.mopo.de) und »Hamburger Abendblatt« (www.abendblatt.de) haben tägliche Veranstaltungstipps und legen ihren Blättern donnerstags Beilagen mit dem Wochenprogramm bei (MoPo: Plan 7, Abendblatt: Hamburg live).

Zoll

Zwar gehören die Speicherstadt und das Gebiet der HafenCity seit 2003 nicht mehr zum Freihafengebiet, aber Teile der in diesem Reiseführer empfohlenen Spaziergänge führen durch die zollfreie Zone. Der Freihafen ist landseitig mit einem 17,5 km langen und 3 m hohen Zollzaun gesichert. An 7 Zolldienststellen an Straßen und einer Eisenbahnzollstelle werden die Waren abgefertigt. Personen können acht Freihafengrenzübergänge nutzen. Meist wird an den Grenzen des Zollgebietes nicht kontrolliert, die Zollvorschriften müssen aber in jedem Fall beachtet werden. Informationen erteilt das Hauptzollamt.

Hamburg-Hafen; Indiastr. 4; Tel. 81 97 00

Kartenatlas

Orientierung leicht gemacht: mit Planquadraten und allen Orten und Sehenswürdigkeiten.

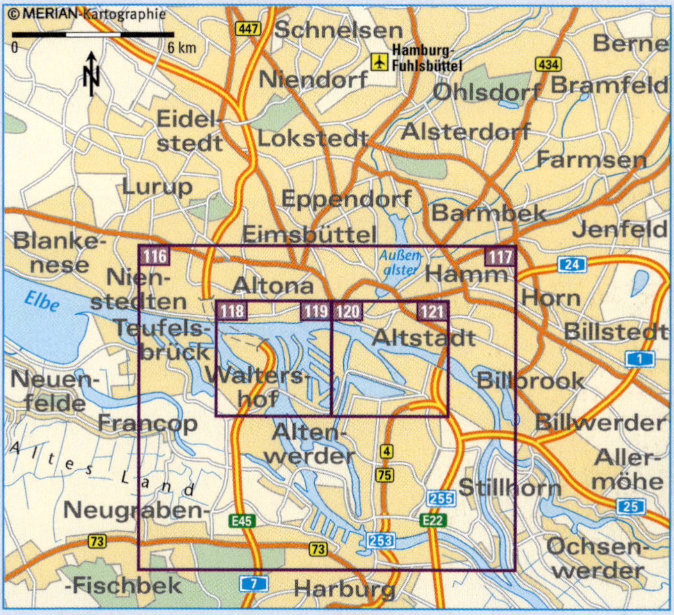

Legende

Spaziergänge

- Vom Baumwall bis Övelgönne (S. 84)
- Speicherstadt und HafenCity (S. 87)
- Mit den Elbfähren durch den Hafen (S. 90)
- Den Freihafen entdecken (S. 91)
- Durch den Freihafen bis nach Finkenwerder (S. 92)

Sehenswürdigkeiten

- 10 MERIAN-TopTen
- 10 MERIAN-Tipp
- Sehenswürdigkeit, öffentl. Gebäude
- Kirche

Sehenswürdigkeiten ff.

- Moschee; Synagoge
- Museum
- Denkmal
- Leuchtturm
- Windmühle

Verkehr

- Autobahn
- Fernverkehrsstraße
- Hauptstraße
- Nebenstraße
- Fußgängerzone
- P Parkmöglichkeit
- B Busbahnhof

Verkehr ff.

- U U-Bahn
- S S-Bahn
- DB Bahnhof
- Schiffsanleger
- Flughafen

Sonstiges

- i Information
- Theater
- Markt
- Zoo
- Friedhof
- Jüdischer Friedhof
- National-, Naturpark

A
B
C
1
2
3
4
Osdorfer Weg
Von-Sauer-Str.
Stresemannstr.
Gross-
Flottbek
Pfitznerstr.
7
E45
Baron-Voght-Str.
Othmar-
schen
Jenisch-
park
Halbmondsweg
Behringstr.
Ottensen
Hohenzollernring
DB
Altona
Holstenstr.
Königstr.
Elb-
chaussee
Elb-
chaussee
Övelgönne
5
Elbfähren
64
10
62
Norderelbe
Steendiekk.
Köhlfleethafen
Petroleumhafen
Waltershof
Köhlbrand
Vulkanhafen
Finkenwerder Norderdeich
Waltershofer Hafen
Finkenwerder
Dradenaustr.
DB
Köhlbrandbrücke
Alte Süderelbe
Finkenwerder Str.
Neuh
Rethe
Hohenwischer Str.
Vollhöfner Weiden
Waltershofer
Str.
Altenwerder
Hauptdeich
Alten-
werder
Francop
Hinterdeich
Moorburger Elbdeich
Hohenwisch
Moorburg
Kattwykd.
Süderelbe
7
E45
Waltershofer
Str.
Moorburger Hauptdeich
Neuwiedenthal
Fürstenmoordamm
Cuxhavener Str.
Stader Str.
73
Ehestorfer Heuweg
Heimfeld
A
B
C

D E F

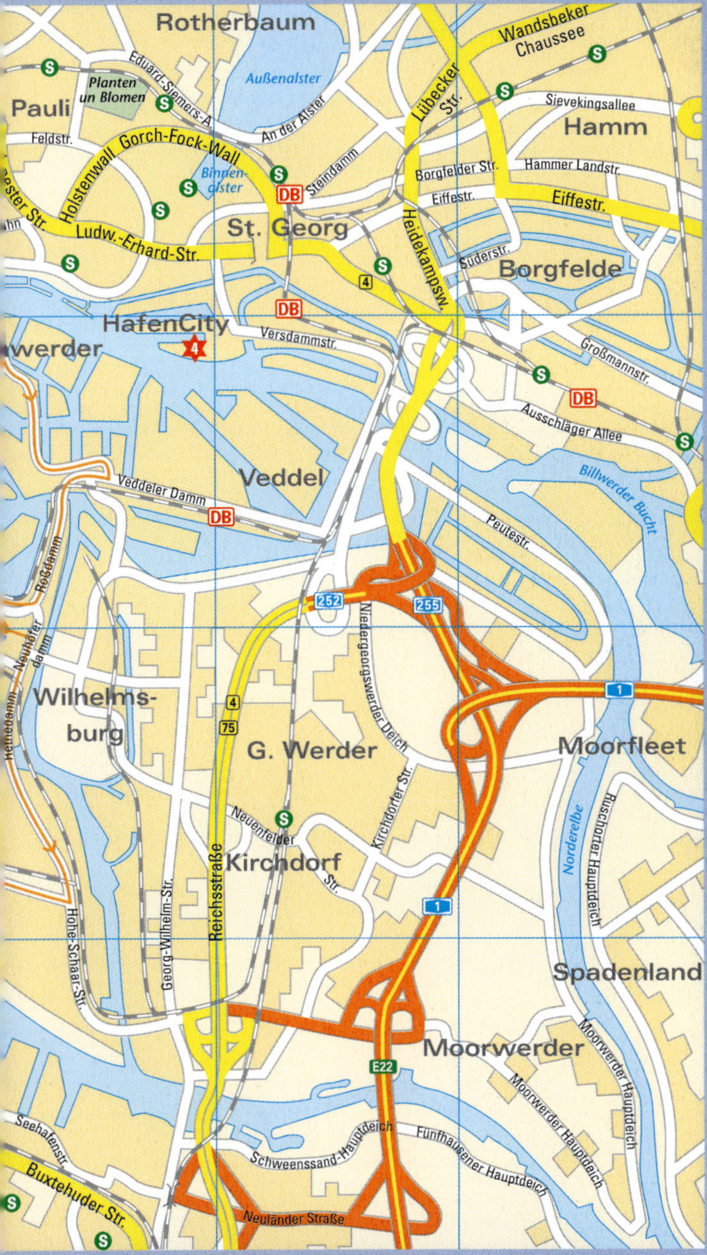

D E

0 1,5 km

© MERIAN-Kartographie

A
B
C
Elbchaussee
Klopstockstr.
Neuer Elbtunnel
Philosophenweg
Hohenzollernring
Eggersallee
Das Weiße Haus
Övelgönne
Lüdemanns Weg
Rosengarten
Schopenhauerweg
Donners-park
Heine Haus
F.H.
Kaistraße
Elbberg
Große Elbstraße
Neumühlen
Alpha Noble Ice Bar
Övelgönne
Museumshafen Oevelgönne
Neumühlenkai
Augustinum
Bürohaus von Grüntuch/Ernst
Fischereihafen
Dockland
62
5
6
7
8
Athabaskakai
Maakenwerder Höft
Burchardkai
Parkhafen
Waltershof
Container-Terminal
Waltershofer Höft
Waltershofer Hafen
Burchardkai
Griesenwerder Höft
7
E45
Bezirksbahnhof Mühlenwerder
Wasserschutz
Predöhlkai
Eurokai-Container-Terminal
Griesenwerder Damm
Zellmannstraße
Kurt-Eckelmann-Str.
Waltershofer Damm
Altenwerder Damm
Rugen-berger Hafen
Rugenberger Damm
Klärwerk Dradenau
Zoll
Haupt-zollamt
Köhlbrandbrücke
Strom- u. Hafenbau
Abspann-werk
Hansaport
Finkenwerder Straße

D
E
F
5
6
7
8
Breite
Straße
Köhlbrand-
treppe
Bundesamt
Inst.
Balkon
Olbersweg
FrischeParadies
Goedeken
Große
Carsten-Rehder-Str.
Elbstr.
Stilwerk
Design
Center
St.-Pauli-Fischmarkt
St.-Pauli-
Fischmarkt
Fischauktions-
halle Altona
Pinnasberg
Antonipark
Strand
Pauli
St. Pauli-
Hafenstr.
Abwasser- und
Sielmuseum
St.-Pauli-Landungsbrücken
Bernhard-Nocht-
Art Mus.
Erotic
Schmidt Theater
Pauli Theater
Amundsenstr.
Struensee-
Zoll
Fähr-
terminal
Norderelbe
Elbfähren
61
Schanzenweg
Zoll
Am Elbtunnel
Hermann-Blohm-Str.
Fährkanal
Wendemuthkai
Lotsen-
höft
Werft-
hafen
Kuhwerder
Höft
Südkai
Werft
Vor-
hafen
Kohlenschiffhafen
Köhl-
brand
Europakai
Kuhwerder
Hafen
Steinwerder Kai
Kaiser-Wilhelm
Höft
Grevenhofkai
Nehlsstraße
Auguste-Victoria-Kai
Kaiser-Wilhelm-Hafen
Kuhwerder
Hafen
Ellerholz-
höft
Vulkanhöft
Kronprinzkai
Nehlsstraße
Westphalufer
Vulkanhafen
Köhlbranddeich
Steinwerder
Ellerholzhafen
Mönckebergkai
Leichter-
Reiherkai
Tollerortweg
Am
Roßhafen
Werft
Hachmannkai
Oder-
hafen
Köhlbrand-
deich
Roßweg
Roßkai
Breslauer
Chilekai
Sthamerkai
F.H.
Roß-
kanal
Köhlbrandbrücke
Vulkan-
str.
Nippoldstraße
Köhlbrand-
straße
Neuhöfer K.
Roßweg
Ellerholzkan.
Stettiner Str.
Travehafen
Stettiner Ufer
Neuhöfer
Pier
Rodewe
hafen
Köhlbrandbrücke
Straße
Nippoldstraße
hafen
0
450 m
N
© MERIAN-Kartographie
Neuhöfer Kanal
Julius-
Schindler-
Str.
Neuhof
Roeloffs
Grenz
Nippoldstraße
Kraten-
busch
120

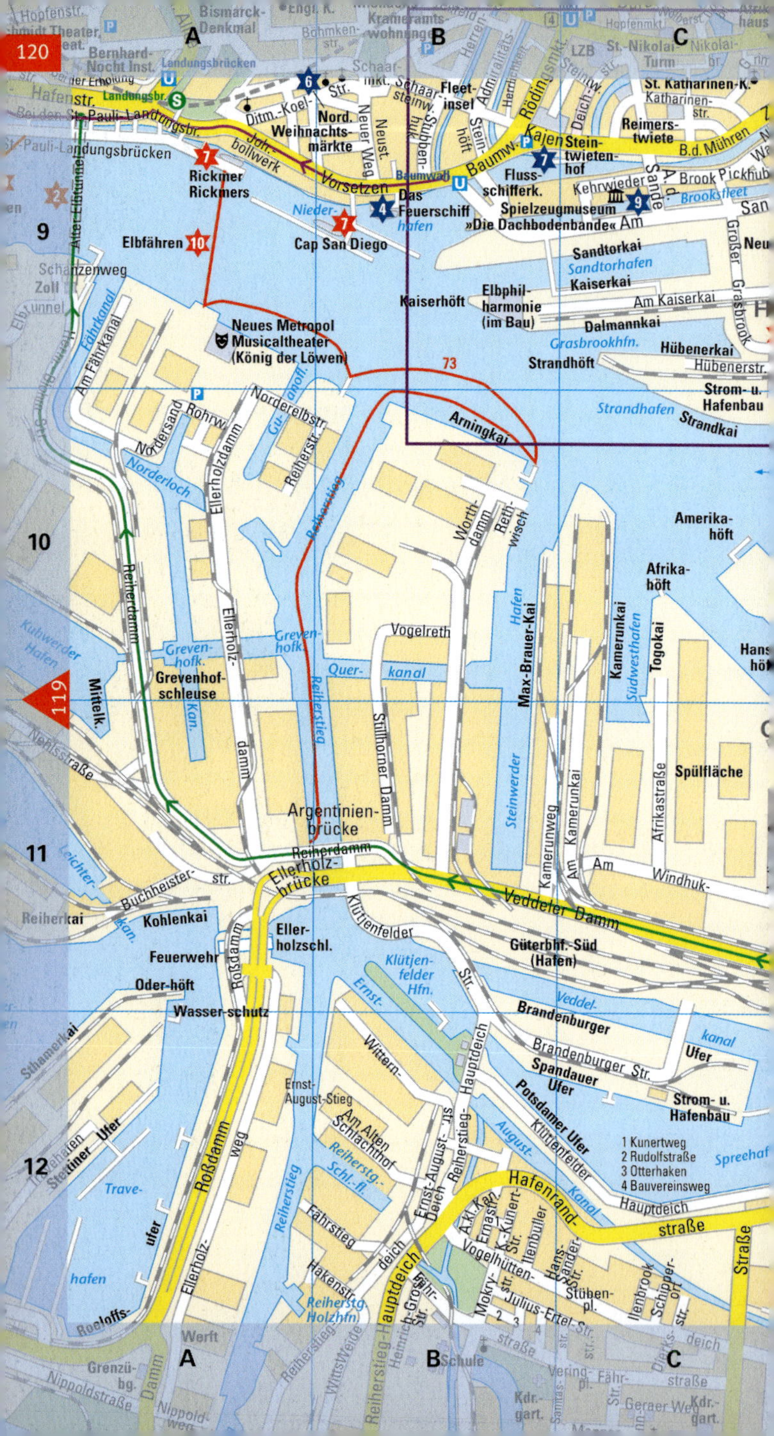
A
B
C
Bismarck-Denkmal
Bernhard-Nocht-Inst.
Landungsbrücken
Landungsbr.
St.-Pauli-Landungsbrücken
Hafenstr.
Ditm.-Koel-Str.
Nord. Weihnachtsmärkte
Neuer Weg
Neust.
Schaarmkt.
Schaarsteinw.
Stubbenhuk
Fleetinsel
Admiralitätsstr.
Steinhöft
Baumwall
Rödingsmkt.
Deichstr.
St. Nikolai-Turm
St. Katharinen-K.
Katharinenstr.
Reimerstwiete
Kajen
Steintwietenhof
B.d. Mühren
Flussschifferk.
Kehrwieder
Brook
Pickhuben
Brooksfleet
Spielzeugmuseum
»Die Dachbodenbande«
Joh.-bollwerk
Vorsetzen
Rickmer Rickmers
Niederhafen
Das Feuerschiff
Cap San Diego
Elbfähren
Alter Elbtunnel
Schanzenweg
Zoll
Elbtunnel
9
10
11
12
Sandtorkai
Sandtorhafen
Kaiserkai
Am Kaiserkai
Kaiserhöft
Elbphilharmonie (im Bau)
Dalmannkai
Grasbrookhfn.
Großer Grasbrook
Hübenerkai
Hübenerstr.
Strandhöft
Strom- u. Hafenbau
Strandhafen
Strandkai
Neues Metropol Musicaltheater (König der Löwen)
73
Arningkai
Fährkanal
Am Fährkanal
Nordersand
Rohrw.
Norderelbstr.
Guanofl.
Reiherstr.
Norderloch
Ellerholzdamm
Reiherstieg
Worthdamm
Rethwisch
Amerikahöft
Afrikahöft
Hafen
Max-Brauer-Kai
Kamerunkai
Südwesthafen
Togokai
Vogelreth
Grevenhofk.
Querkanal
Reiherdamm
Kuhwerder Hafen
Grevenhofschleuse
Kan.
Mittelk.
119
Stillhorner Damm
Steinwerder
Kamerunweg
Spülfläche
Afrikastraße
Am Windhuk-
Neßstraße
Argentinienbrücke
Ellerholzbrücke
Buchheisterstr.
Leichterkan.
Reiherkai
Kohlenkai
Feuerwehr
Oder-höft
Wasser-schutz
Roßdamm
Ellerholzschl.
Klütjenfelder Str.
Veddeler Damm
Güterbhf.-Süd (Hafen)
Klütjenfelder Hfn.
Ernst-August-Kanal
Veddelkanal
Brandenburger Ufer
Brandenburger Str.
Spandauer Ufer
Ufer
Strom- u. Hafenbau
Potsdamer Ufer
Klütjenfelder Str.
Hauptdeich
Wittern-str.
Ernst-August-Stieg
Am Alten Schlachthof
Reiherstg.-Schl.-fl.
Sthamerkai
Stettiner Ufer
Travehafen
Ellerholzweg
Fährstieg
Hakenstr.
Reiherstg.-Holzhfn.
Reiherstieg-Hauptdeich
Ernst-August-Deich
Hafenrandstraße
Vogelhüttendeich
1 Kunertweg
2 Rudolfstraße
3 Otterhaken
4 Bauvereinsweg
Spreehafen
Stübenpl.
Julius-Ertel-Str.
Schule
Werft
Roeloffs-
Grenzü-bg.
Nippoldstraße
Kdr.-gart.

D
E
F
Meßberg
Wandrahm
Oberbaumbr.
Deichtorhallen
Speicherstadt
Brooktorkai
Dialog im Dunkeln
Ericusgr.
Stockmeyerstr.
Oberhafen
Zoll
Banksstr.
Stadtdeich
Lippeltstr.
Hammerbr. Schleuse
Hammerbrook
Gericht
Mittelkanal
Sachsenfeld
Südkanal
straße
Klostertor
Brooktor
Magdebgr. Str.
Steinschanze
Veterinäramt
Güterbahnhof
Baakenbrücke
City
Amtl. Pfanzenbesch.
Versmannkai
Versmannstraße
Magdebgr. Hafen
Baakenhöft
Petersenkai
Baakenhafen
siehe S. 89
U-434
Baakenkai
Kirchenpauerkai
Kirchenpauerstr.
Krahnhöft
Asiakai
Amsinckufer
Melniker Ufer
Holthusenkai
Am Holthusenkai
Übersee-Zentrum
Prager Ufer
Asiastraße
Moldauhafen
Schumacherwerder
Rampenstraße
Vedd. Elbd.
Prielstr.
Veddeler Fischgaststr.
Veddeler Markt-pl.
Neue Elbbrücke
O'Swaldkai
Bremer Kai
1 Tunnelstraße
2 Meckelburgsweg
3 Slomanstieg
4 Drevesweg
5 Immanuelstieg
6 Katenweide
Sachsenbr.
Dresdener Ufer
Dessauer Straße
Dessauer Ufer
Saalehafen
Hallesches Ufer
Am Saalehafen
Hansahafen
Passierzettel
Sieldeich
Bücherei
Sch.
Kdr.-heim
Immanuelpl.
Veddeler Brückenstr.
Uffelnsweg
Hovestieg
Peutestr.
Neuhäuser Damm
Marktkanal
Georgswerder Damm
Strom-und Hafenbau
Lübecker Kai
Zoll
Hansabrücke
Veddeler Damm
Niedernfelder Ufer
Niedernfelder Br.
Wilhelmsburger Pl.
Am Zollhafen
Feuerwehr
Müggenburger Zollhafen
Veddel
Ufer
Hauptdeich
Klütjenfelder Chaussee
Veddeler Bg.
Auswanderungsmus. BallinStadt
Packersweg
Warlimontweg
An der Hafenbahn
Kleingärten
Gartenbauabt.
Bogen
Georgswerder
Honartsdeich
Vedd. Str.
Schlenzigstr.
Stenzelring
Schlinckstr.
Bonnéweg
Reichsstraße
Niedergeorgswerder
0
450 m
©MERIAN-Kartographie
9
10
11
12

Hier finden Sie alphabetisch aufgeführt alle in diesem Band beschriebenen Restaurants (R), Sehenswürdigkeiten und Museen. Außerdem enthält das Register wichtige Stichworte sowie alle MERIAN-Tipps und MERIAN-TopTen dieses Reiseführers. Wird ein Begriff mehrfach aufgeführt, verweist die **fett** gedruckte Zahl auf die Hauptnennung im Band, eine *kursive* Zahl verweist auf ein Foto.

Liebe Leserinnen und Leser,
wir freuen uns, Ihre Meinung zu diesem Reiseführer zu erfahren. Bitte schreiben Sie uns, wenn Sie Berichtigungen und Ergänzungsvorschläge haben oder wenn Ihnen etwas besonders gut gefällt:

TRAVEL HOUSE MEDIA GmbH, Postfach 86 03 66, 81630 München
E-Mail: merian-live@travel-house-media.de Internet: www.merian.de

Die Autoren

Sascha Borrée arbeitet seit seiner Ausbildung an der Henri-Nannen-Journalistenschule als freiberuflicher Journalist für verschiedene Magazine und Zeitschriften. Er lebt in Hamburg und Barcelona, ist Autor des MERIAN *Reiseführer* »Barcelona« und Co-Autor des MERIAN *live!* »Hamburg Reeperbahn«.
Matthias Thiele, ebenfalls Absolvent der Henri-Nannen-Schule, ist in Berlin als freier Journalist für verschiedene Magazine und Zeitschriften tätig.

Bei Interesse an Karten aus MERIAN-Reiseführern schreiben Sie bitte an:
iPUBLISH GmbH, geomatics
Berg-am-Laim-Straße 47
81673 München
E-Mail: geomatics@ipublish.de

Bei Interesse an Anzeigenschaltung Wenden Sie sich bitte an:
KV Kommunalverlag GmbH & Co KG
MediaCenterMünchen
Tel. 0 89 – 92 80 96 – 44
E-Mail: kramer@kommunal-verlag.de

Fotos

Titelbild: Begrüßung der Sea Cloud an den Landungsbrücken (Bildagentur Huber/Gräfenhain), untere Reihe von links: Dockland (vision photos), Maschinentelegraf (W. Steche/VISUM), St.-Pauli-Fischmarkt (I. Pompe/LOOK-foto)
akg-images/H. Heine 100; Bildagentur Hamburg/B. Nasner 65;/ M. R. Menges 82/83, /C. Ohde 96/97; Bildagentur Huber/Gräfenhain 4/5, 36, /Hallberg 12, /G. Simeone 84; Bildagentur-online/ W. Diederich 61; Blumebild 71; Brook 22; C. O. Bruch/VISUM 114; Elbwarte 64; F1-online/Doliwa 66; FrischeParadies Goedeken 35; GourmetPictureGuide 23; Herzog & de Meuron 60; Bernd Jonkmanns 8, 11, 16, 26, 39, 43, 46, 47, 52/53, 67, 68/69, 72, 74, 75, 76, 77, 79, 80, 88, 103, 109; Keystone Pressedienst 102; laif/Lengler 15, /Brunner 48, /Gluecklich 54/55, /Vogel 59, /Modrow 86, / Plambeck 95; Achim Multhaupt 18/19, 24, 25, 30, 32, 40, 58, 62, 93, 94; Restaurant Überseebrücke 29; Sushi Factory 31; Schapowalow/Atlantide 20, /Broerken 112; Westend 61 44; White Star/ H. Friedrichsmeier 7, 110, /M. Pasdzior 56, /M. Gumm 87, /H. Friedrichsmeier/B. Nasner; www.bildarchiv-hamburg.de 99

© 2008 TRAVEL HOUSE MEDIA GmbH, München
MERIAN ist eine eingetragene Marke der GANSKE VERLAGSGRUPPE.

Alle Rechte vorbehalten. Nachdruck, auch auszugsweise, sowie die Verbreitung durch Film, Funk, Fernsehen und Internet, durch fotomechanische Wiedergabe, Tonträger und Datenverarbeitungssysteme jeglicher Art nur mit schriftlicher Genehmigung des Verlages.

Alle Angaben in diesem Reiseführer sind gewissenhaft geprüft. Preise, Öffnungszeiten usw. können sich aber schnell ändern. Für eventuelle Fehler übernimmt der Verlag keine Haftung.

Programmleitung
Dr. Stefan Rieß
Redaktion
Susanne Kronester
Lektorat
Kerstin-Seydel-Franz
Gestaltung
wieschendorf.design, Berlin
Karten
MERIAN-Kartographie
MERIAN-Quiz
Verónica Reisenegger (Konzept und Idee)
Satz
Sabine Dohme, Planegg bei München
Druck
Appl, Wemding
Bindung
Auer, Donauwörth
Gedruckt auf
Eurobulk von der Papier Union

1. Auflage

TRAVEL HOUSE MEDIA

Ein Unternehmen der
GANSKE VERLAGSGRUPPE

Hamburger Hafen

MERIAN-Tipps

Tipps und Empfehlungen für Kenner und Individualisten

1 Das Weiße Haus
Abends ist es für Monate im Voraus ausgebucht, mittags lässt sich im Restaurant von Christian Senkel noch ein Tisch reservieren (→ S. 27).

2 FrischeParadies Goedeken
Ein Tempel für Feinschmecker: Gourmets werden hier in den begehbaren Kühlräumen garantiert fündig (→ S. 34).

3 Alpha Noble Ice Bar
Deutschlands erste und einzige Eisbar: Bei -5° besteht die gesamte Einrichtung aus gefrorenem Wasser (→ S. 41).

4 Das Feuerschiff
Die Bar im knallroten Schiff bietet gute Drinks und Cocktails, im Bordkino laufen maritime Klassiker (→ S. 42).

5 StrandPauli
Weißer Sand, chillige Sounds und ein schöner Blick – dieses Erfolgsrezept des Beachclubs geht garantiert auf (→ S. 45).

6 Nordische Weihnachtsmärkte
Die skandinavischen Seefahrerkirchen feiern die Vorweihnachtszeit in der nordischen Version (→ S. 51).

7 Flussschifferkirche
Das schwimmende Gotteshaus der Flussschiffer bietet im sonst so geschäftigen Hafen einen Ort der Stille (→ S. 63).

8 Dialog im Dunkeln
Hier können Besucher ihren Augen nicht mehr trauen, stattdessen müssen sie sich auf Gehör, Geruchs- und Tastsinn verlassen (→ S. 73).

9 Spielzeugmuseum »Die Dachbodenbande«
In dem nostalgischen Haus hat man von modernen Museumskonzeptionen – zum Glück – noch nichts gehört (→ S. 81).

10 Veddeler Fischgaststätte
Eine der letzten echten Hafenarbeiterkantinen liegt mitten im Industriehafen (→ S. 91).

← MERIAN-TopTen finden Sie auf Seite 1